CÂN YR ALARCH

WILLIAM OWEN

yLolfa

i Erin Haf eto,
ond erbyn y bydd hi dipyn yn hŷn,
ac i gofio'n annwyl am Igyl Pigyl
sy'n cysgu'n dawel yng Ngardd y Nos

Argraffiad cyntaf: 2010

Llun y clawr: Sarah Jane Clarke

Rhif Llyfr Rhyngwladol: 978 1 84771 271 4

Cyhoeddwyd, rhwymwyd ac argraffwyd yng Nghymru
gan Y Lolfa Cyf., Talybont, Ceredigion SY24 5HE
gwefan www.ylolfa.com
e-bost ylolfa@ylolfa.com
ffôn 01970 832 304
ffacs 832 782

Cynnwys

Rhagair

WRTH ADOLYGU CYFROL LLENOR nid anhysbys o Sais dro'n ôl fe haerodd un beirniad – beth yn grafog hwyrach – bod yr awdur oedd dan sylw ganddo, o bosib, wedi bod yn euog o ysgrifennu un llyfr yn ormod! Eraill, wrth reswm, sydd i farnu a yw hynny yn wir yn yr achos hwn ai peidio. Ond mae un peth yn ffaith, na fydd yr un arall. Wedi'r cyfan, y mae digon rownd y rîl yn ddigon, onid yw weithiau yn ormod.

Er i minnau druan yn fy nydd, fel rhywun tipyn mwy, gael pleser achlysurol o biltran fel hyn â geiriau, canys wrth ymhél â nhw siawns na ches innau, ambell dro hwyrach, gip bach sydyn ar 'f'anian i fy hun'.

Does fawr rhagor i'w draethu felly ac eithrio diolch i'r rhai a hwylusodd y ffordd i'r alarch hwn ollwng ei gân – boed honno'n soniarus neu'n ansoniarus yn ôl y farn.

Cefais Lefi Gruffudd o wasg y Lolfa yn bleser cydweithio ag ef. Diolch am ei foneddigeiddrwydd a'i broffesiynoldeb. Diolch am hynawsedd a thrylwyredd Nia Peris, y golygydd hithau.

Caniataodd Gwasg Gomer i mi gynnwys ambell ddyfyniad o ysgrif neu ddwy o *Cyn Oeri'r Gwaed* gan Islwyn Ffowc Elis ac yr wy'n ddyledus iawn iddi. Yr un modd Gwasg Carreg Gwalch, a oedd yn ddigon parod i mi newid ac ailwampio dau draethiad o'm heiddo a ymddangosodd yn wreiddiol yn y gyfrol *Profiadau Gwyddelig* er eu cyflwyno yma ar eu newydd wedd.

Cefais awgrymiadau gwir fuddiol gan Sarah Jane Clarke parthed clawr y gyfrol. Bu'n barod i ollwng popeth i estyn ei chymorth. Mae hi bellach bron yn aelod o'r teulu! Diolch i aelodau agos eraill y teulu yn ogystal am eu cefnogaeth, yn arbennig Susan, a fu fel erioed yn 'graig safadwy'.

Ac i'r gweddill ffyddlon o ddarllenwyr a arhosodd gyda mi o *Codi Canol Cefn* i *Cân yr Alarch*, canmil diolch am eich teyrngarwch chwithau.

William Owen
Borth-y-gest
Mehefin 2010

O ryfel i ryfel arall

CWTA DDWY FLYNEDD o fywyd priodasol gafodd Twm Pant Grintach a Dora Llain Bella nad oedd Twm druan wedi ei alw i wasanaethu 'ei wlad a'i gyntri' fel y dywedai hen wraig ei fam.

Dyddiau o ryfel oeddynt wedi'r cwbl ac wedi iddo orfod stripio'n noeth fel pennog gerbron panel o feddygon yn Wrecsam un pnawn Gwener glawog yn Nhachwedd '41 a'i orfodi i besychu fel y chwaraeai ryw ewach digywilydd â'i geilliau, dyfarnwyd ei fod cyn iached â'r un gneuen. Mewn dim o dro wedyn fe ddaeth y wŷs oddi wrth ei Fawrhydi Siôr VI iddo ymuno â'r Roial Welch.

Mae'n wir iddo lyncu blocyn eitha sylweddol o sebon siafio carbolig coch a llond dau ecob o finegr cyn cyflwyno'i hun am yr archwiliad y bore hwnnw. Yn ôl ambell sglaig i lawr yn y pentre y noson cynt fe warantai hynny yn syrtan sicr y byddai'n ffrothio cymaint o gwmpas ei geg, a'i galon yn curo ddwbwl onid drebal cyflymach na'r arfer, fel rhoi'r argraff fod rhywbeth go ddifrifol o'i le arno. Ond nid ag us y medrid twyllo arbenigwyr y fyddin, a lwyddodd yntau ddim chwaith i fwrw llwch i'w llygaid. Fe'i dyfarnwyd yn grêd wan. Doedd dim dewis wedyn.

Nid bod hynny'n ddrwg i gyd chwaith, barnodd. Byddai hwyrach yn gyfle iddo weld rywfaint o'r byd ar gost y wlad fel petai. Cystal 'run pryd oedd iddo gyfadde mai Dora fu'n gwisgo'r trowsus rownd y rîl wedi iddynt eu dau ymuno â'i gilydd mewn glân briodas; a doedd waeth iddo, dros dro beth bynnag, fod ar drugaredd ryw larp o gorpral cegog yn yr Armi na bod o dan ei bawd hi ar yr aelwyd yr oedd y ddau ohonynt wedi rhoi cychwyn ar ei sefydlu yn Nhyddyn Brwynog.

9

A dim ond unwaith y gwelwyd ef yn ei gaci a'i gwafars yn ôl yn ei hen gynefin wedi iddo ymuno. Cafodd bythefnos o egwyl embarceshion cyn dychwelyd i'w wersyll yn Swydd Dorset rywle. Ffwrdd â fo fforin wedyn. Cyfnod yn Burma. Pwcs yn Ffrainc. Daliad efo Montgomri yn anialwch yr Aifft a chan ddod drwy'r holl heldrin heb anafu cymaint â phen ei fys.

Mae'n wir y byddai'n anfon ambell lythyr at Dora o bryd i'w gilydd ond welodd o'r un golwg o Bont y Borth am rai blynyddoedd. Roedd 1945 yn dechrau tynnu ei thraed 'dani pan ddychwelodd ei gatrawd i Brydain lle cafodd ei hun am rai misoedd yn dal ei ddwylo yn Aldershot wrth aros i gael ei ryddhau'n derfynol.

A dyna'r adeg pan ddechreuodd pethau fynd braidd yn flêr wrth i greadur o natur led nwydwyllt fel Twm, un a gawsai ei amddifadu cyhyd o gyfle i fwynhau cwmni merched, ddechrau tynnu ei droed drwy'i adain mewn ambell ddawns yn y dre ar nos Sadwrn. Nid ei fod, ar y cychwyn beth bynnag, yn fawr o giamblar ar y grefft o waltsio, ond ceffyl da bob gafael ydi 'wyllys ac, o ddyfal doncio arni, er sathru traed sawl un yn y fargen, fe ddaeth drwyddi'n rhyfeddol.

Ar lefran handi o'r enw Wendy Chadwick y syrthiodd ei goelbren. Pishin na allai, yn wir nad oedd yn rhesymol disgwyl, i'r un creadur byw bedyddiol yr oedd gwaed coch yn rhaeadru drwy'i wythiennau beidio â chael ei hudo ganddi; ac unwaith y bu iddynt glicio fe ddatblygodd y berthynas rhyngddynt yn wyrthiol o gyflym.

A dyna, wedi hir, hir bendroni o'i gael ei hun yn y fath bicil, fu'r achos i orfodi Twm un noson ar ôl iddo fod am ddyddiau lawer yng ngwewyr ei gyfyng-gyngor i eistedd i lawr yn y cwt yn y barics i sgriblio pwt o nodyn i Dora. Hwnnw oedd yr union lythyr a gyflwynwyd iddi gan y postman ar drothwy Tyddyn Brwynog yng ngogledd Ynys Môn am chwarter i naw y bore 'mhen tridiau.

7620199 Hughes T. Pte.,

Hut 23,

H.M. Case-stoke Barracks,

Aldershot.

Dydd Sul

Annwyl Dora,

Hyn sydd i'th hysbysu 'mod i ar dir y rhai byw o hyd fel chditha, gobeithio. Dim ond chydig dros wsnos eto na chaf fy nîmob. A fedra i ddim aros i gefnu ar y blincin lle 'ma chwaith. Os cafodd cradur lond 'i fol erioed...

Er 'i bod hi'n sobor o gas gin i ddeud hyn wrthat ti hefyd ond fydda i ddim yn dŵad nôl i Shir Fôn eto. Ma bod i ffwrdd am bron i bedair blynadd wedi gneud andros o ddiffrans i mi a does gin i ddim i ddeud wrth yr hen le bellach.

Ac y mae'n well i titha ga'l gwbod yn fuan mwy na'n hwyr 'mod i wedi cwarfod hogan arall lawr fan hyn yn Aldershot 'ma. I ddeud y gwir plaen wrthat ti rydan ni wedi bod yn canlyn ers nifar o wsnosa bellach a dwi'n bwriadu 'i siansio hi efo hi fa'ma.

Ma'n ddrwg gin i, ond fel yna ma petha wedi troi allan. Troeon rhyfadd yr yrfa chwedl Defis Gwnidog 'stalwm.

Dim ond gobeithio felly y medri ditha gwarfod rywun arall 'mhen rhyw sbelan ac y medri ddod i ryw agriment efo hwnnw.

Dydi sgwennu'r pwt yma ddim wedi bod yn hawdd dallta.

Dyna'r oll am wn i,

Pob lwc,

Twm.

Newidiai lliw Dora fesul yr eiliad wrth ddarllen ac erbyn ei bod wedi dod i derfyn yr epistol am y drydedd waith troesai ei hwyneb o fod fel y galchen i fod cyn goched â'r un dyrcan.

"Aros di'r Arab cythral," ffrwydrodd, "mi gei di wbod faint

sy 'na tan Sul. Cei di! Cei! Mi blinga i chdi'n llafreia grybibion ulw racs... mi... mi..."

A dyna ddrop twls yn y fan a'r lle ac yn ei chynddaredd gwbl gyfiawn yn ei golwg ei hun – yn union fel yr oedd, yn ei brat a'i slipars a'i chyrlars – gwneud bî lein am y siop gan fyrstio ar ei hyll drwy'r drws, rhoi homar o glewtan i'r gloch ar y cowntar a galw:

"Jôs... Jôs... bendith y Tad lle'r ydach chi deudwch?" yn dra awdurdodol.

Cyfunai Gwilym E Jones, unig siopwr y pentre, ar ei ysgwyddau llydan gyfrifoldebau is-bostfeistr yn ogystal â rhai becar, cigydd, drepar ar binsh, drygist, tunman a gwerthwr blawdiau, eithr ar yr union funud y bore hwnnw digwyddai fod ar ei frecwast.

Mae'n wir iddo fod ar agor ers un hanner awr dda ond doedd o ddim yn disgwyl rhyw lawer o gwsmeriaid tan oddeutu canol y bore hwnnw. A dyna pam y gorfu i Dora alw'n orffwyll am ei wasanaeth ddwywaith wedyn, a phan wnaeth ei ymddangosiad yn cnoi tamaid o dost doedd dim osgo brys ar ei gyfyl.

"O! Chi sy 'na, Dora Huws? Mae hi'n fora go lew."

"Wn i ddim be sy'n dda yn 'i gylch o wir."

"Gwell na ddoe choelia i byth. Mi gawsom dipyn o ddrochiad 'n do? Er bod yr hen wynt dwyrain 'ma'n dal yn ddigon main o hyd."

"Nid wedi dŵad yma i drafod y tywydd yr ydw i, Gwilym Jôs," chwyrnodd eilwaith.

Erbyn hynny daethai'n bur amlwg i'r siopwr fod crasiad go uchel ar un o'i gwsmeriaid cynnar.

"Sut galla i'ch helpu chi felly? Postio parsal, gwerthu stamp? Be? Er nad ydw i ddim, a bod yn gwbwl gysáct felly, i fod i agor busnas y post tan ddeg o'r gloch wchi... Deddfa'r Mediaid a'r Persiaid ac ati... Er i chi hwyrach, gellir llacio..."

Torrodd ar ei draws yn bur snoti.

"'Run o'r ddau."

"Rwbath o'r siop 'ta?"

"Nid cyn i mi gal atendio i fusnas pwysicach dalltwch chi."

"Wel ffeiar awê..."

"TELIGRAM!"

"Ac am yrru teligram yr ydach chi?"

"Gyntad byth ag y gallwch chi ddyn."

"Oes 'na imerjensi?"

"Mi faswn i'n meddwl bod 'na wir!"

"Brenin mawr! Does neb wedi ymadael â'r fuchedd hon yn ystod y nos gobeithio? Roeddwn i wedi dallt bod 'rhen fachgian eich tad wedi cael tyrn digon nasti dro'n ôl."

"Mae'n well i'r llymbar beidio meddwl am fy ngadal i... ne... ne... ne mi sgraglardia i'r penci, mi tynna i o'n bedwar aelod a phen unwaith y ca i afal ar y ceubal. G'na i g'na!"

"Trugaradd i filodd, dydw i ddim yn dallt."

"Ych busnas chi ydi gyrru teligram drosta i, does raid i chi ddallt rhagor na hynny."

"Wel, wir ionadd... i helpu'n gilydd rydan ni'n dda yn yr hen fyd 'ma, decini."

"Ia gobeithio."

"Be... be hoffach chi 'i ddeud 'ta? Pa fath o negas? Er, cystal i mi gael enw a chyfeiriad y derbynnydd gynta dwi'n meddwl."

Fe sgribliodd hithau rif a ranc a chyfeiriad Twm yn Aldershot a'i gyflwyno drosodd i'r is-bostfeistr a oedd erbyn hynny bron â berwi drosodd gan chwilfrydedd.

"O? Ac am anfon brys neges i Tomos Huws y gŵr yr ydach chi felly?"

"Gynta byth ag y medrwch chi ddyn."

"Mi fydd adra'n ôl efo ni toc dwi'n siŵr. Posib fod 'i ddyddiad dîmob o'n nesu bellach?"

Chafodd o braidd ddod i derfyn ei stryt nad oedd Dora ar gefn ei cheffyl eilwaith.

"Mi gaiff fwy na dîmob pan ga i afal ar y sglyfath."

"Ma'r hogia 'ma wedi aberthu cymaint drosta ni a'n dylad ninna mor drwm iddyn nhw. Lle basa ni yntê tasa'r hen Hitlar 'na wedi cal y llaw ucha arnon ni?"

"Peidiwch â sôn wrtha i am abarth, wir... yr hen sgiamp iddo."

Yr oedd hi'n gwbl amlwg erbyn hynny, hyd yn oed i un o galibr Jôs y Siop, a oedd yn gymaint o hen law ar y grefft o dyrchio i fusnas ei gwsmeriaid, mai taw oedd piau hi ac y byddai'n beryg bywyd iddo holi rhagor.

"Y negas amdani rŵan felly... er y baswn i yn 'ch cynghori chi i fod yn lled gryno hefyd oblegid mi all gyrru teligram fod yn hen fusnas digon costus yn hyn o fyd wchi."

"Raid i chi boeni 'run ffuan, frawd, achos negas fer ac i bwrpas fydd hi. Ryw ddwsin o eiria, heb na choma na ffwl stop ar 'u cyfyl nhw'n unman. Barod?"

"Barod? Debyg iawn 'mod i'n barod, Dora Huws."

"Dyma be ydw i am i chi 'i ddeud – 'COME HOME AT ONCE YOU MOCHYN BUDUR OR I'LL COME AND GET YOU'."

A dyna Gwilym Jôs, is-bostfeistr yr ardal, yn ymroi ati'n dra phwyllog.

"'Come... home... at once...' Be ddeudsoch chi wedyn, Misus Huws?"

"'YOU MOCHYN BUDUR', dyna ddeudis i."

"Hollalluog! Deud go gry hefyd."

"Dim chwartar digon cry, dalltwch."

"Wel... chi ŵyr 'ch petha, debyg."

"Ia, mi dyffeia i chi. Mi wn i'n burion be ydw i'n 'i neud."

"Ond... ond rhoswch chi funud rŵan... wn i ddim dderbynian nhw fo efo'i hannar yn y Saesnag a'r hannar arall yn Gymraeg chwaith."

"Neno'r trugaradd, pam?"

"Dyddia o ryfal ydyn nhw cofiwch."

"Ond ma honno drosodd yn tydi?"

"Rhag i rywun ama'ch bod chi'n trio anfon negas gudd ylwch."

"'Mod i'n spei? Rheswm o rwla! Dydw i'n trio cuddio dim oll."

"Mi wn i hynny, ond... ond os ydach chi'n mynnu galw Tomos Huws yn... wel... yn fochyn budur... fasa hi ddim gwell inni 'i newid o deudwch i 'DIRTY PIG' neu rwbath cyffelyb?"

"Ma 'MOCHYN' yn llawar nes i'r marc a dyna ben arni."

"Wel chi ŵyr eich petha eto. Mi triwn ni hi felly... 'Come... home at once... you mochyn budur... or I'll come and get you.' Dyna fo, mi trosglwydda i o i lawr y lein i Holihed ac mi gân nhwtha wedyn 'i yrru o 'mlaen. Fe ddylai ei dderbyn o toc wedi cinio, a chymryd yntê fod y gymysgfa o'r ddwy iaith yn dderbyniol felly."

"Cynta'n byd, gora'n byd ddeuda i."

"Ond fod 'na un matar bach arall ar ôl does, Misus Huws – matar o glandro'r ddamej. Rhoswch chi rŵan."

Cydiodd yr is-bostfeistr mewn *ready reckoner* oedd ganddo ar led ymyl gan ddechrau pori ynddo.

"Rhoswch chi eto... un, dau, tri... ilefn, twelf, thyrtîn o eiria... ydi, mae'n ddrwg calon gen i ddeud wrthach chi fod hwnna'n mynd i gostio... rhoswch chi, ydi ma gin i ofn 'i fod o'n bedwar a saith a dima rhwng popeth."

Wrth grafu yn ei phwrs, "Os caiff o'r effaith iawn, pris bychan i'w dalu fydd o. A dowch â hannar pwys o farjarîn, chwe owns o Spam a thun grêd tŵ o gorn bîff i mi'r un pryd newch chi?"

Allan â hi wedyn gan ollwng ochenaid ddofn o ryddhad wrth gau drws y siop i'w chanlyn a chan deimlo beth o leia'n well na phan aethai i mewn drwyddo ryw chwarter awr ynghynt.

* * * * *

15

I dorri stori hir yn fyr, pwy ddaeth i lawr o'r trên ola yng ngorsaf Rhos-goch un noson ymhen llai na deng niwrnod wedyn, wedi taith hir, luddedig o Aldershot, yn cymryd arno dorri cŷt yn ei siwt ddîmob oedd fymryn yn rhy lac iddo, ond â'i gynffon er hynny rhwng ei afl, a chan ei cherdded hi'n dinfain fel ci lladd defaid y ddwy filltir hir i Dyddyn Brwynog, ond Thomas Hughes, symteim *Private* a fu'n gwasanaethu ei Fawrhydi Siôr VI yn y Roial Welch. A'i draed bellach i fod yn rhai cwbl rydd.

Eithr prin mai gwir fu hynny. Prin hefyd ei fod yn disgwyl y byddai'r llo pasgedig wedi ei ladd a chroeso tywysogaidd yn ei aros. Ac yn sicr fu 'na ddim. Tasg go anodd fyddai ceisio cynnau tân ar hen aelwyd canys fe sylweddolai'n burion bod rhyfel arall, ffyrnicach ac, o bosib, ar un wedd un fwy gwaedlyd yn ei wynebu na'r un yr oedd newydd fod drwyddi. Yr un pryd fe wyddai nad oedd cynddaredd yr hen sarjant mejor hwnnw a fu'n olrhain ei achau i'r goedwig ddua yn Wrecsam ar gychwyn ei dymor yn y fyddin ddim pats i eiddo Dora pan ddechreuai hi fynd drwy'i chiapars. Ac ni ellir ond defnyddio'r dychymyg wrth geisio dirnad yr olygfa wedi iddo gamu dros y trothwy a chau'r drws yn Nhyddyn Brwynog y noson honno.

Digon ydi datgan na welwyd mohono, yn wir na chaniatawyd iddo, grwydro fawr pellach na chyrion y plwy byth ar ôl dyddiau'r Armi ac mai fel ci wrth dennyn, i bob pwrpas, y treuliodd Twm druan weddill ei ddyddiau ar yr hen ddaear 'ma.

'Rôl crwydro unwaith hwyrach na ddisgwyliai driniaeth amgen.

Dirgelwch y tri chloc

MAE 'NA BETHAU DIGON rhyfedd yn digwydd yn yr hen fyd 'ma weithiau, decini. Dyna hen ystrydeb sy wedi llwydo'i hoedl bellach, un er hynny sy'n datgan y cyfiawn wir petai ddim ond yng nghyswllt y sôn am y tri achlysur pan fu i dri chloc, un ym Môn a dau yn Eifionydd, ddod i sefyll ar funud ac awr benodol heb fod unrhyw eglurhad rhesymol dros i hynny ddigwydd.

Mae'n wir fod cryn fwlch o ran amser rhwng y tri digwyddiad – y cyntaf ohonynt ar 6 Rhagfyr 1966, yr ail ddechrau Chwefror 1975 a'r olaf mor ddiweddar â hanner awr wedi dau ar 'nawn Sul y seithfed o Ragfyr 2008. Roedd marwolaeth yn gysylltiedig â'r ddau gyntaf er y taerwn i mai rhyw fath ar farwolaeth – un wahanol hwyrach, ond marwolaeth er hynny – fu'r achos pan ddigwyddodd y trydydd hefyd. Roeddwn yn llygad-dyst i'r cyntaf a'r trydydd ac er nad oeddwn yn bresennol pan ddigwyddodd yr ail roedd fy ffynhonnell am yr wybodaeth amdano yn un gwbl ddibynadwy.

Nawr, beth amdanynt? Cawsai fy niweddar dad-yng-nghyfraith, un os ca i fentro dweud a fu yn addurn fel boneddwr, ei daro ag afiechyd hynod flin oddeutu diwedd 1965, ac yntau ddim yn drigain oed ar y pryd. Aed ag ef i Ysbyty Walton yn Lerpwl lle derbyniodd lawdriniaeth feddygol na fu'n llwyddiant, a dihoeni fu ei hanes yn ystod y misoedd nesaf nes colli ohono'r frwydr yn oriau mân bore'r chweched o Ragfyr y flwyddyn ddilynol. Roeddem wedi bod ar ein traed nos, fel y dywedir, yn gweini am rai nosweithiau arno ond bu'r diwedd pan ddaeth yn ollyngdod mawr i'r claf yn ogystal yn wir ag i'w deulu a fu'n brwydro mor ofer i weinyddu cysur iddo.

Ryw funud neu ddau ar ôl chwarter wedi pedwar oedd hi pan roddodd y truan ei anadl olaf. Rwyf yn weddol sicr o hynny canys cofiaf i mi edrych ar fy oriawr ar yr union foment honno. A does dim angen i ddyn orfanylu ynghylch pa fath o awyrgylch a fodolai o gwmpas gwely'r ymadawedig yn ystod yr awr drist honno. Digon ydi datgan i un ohonom, 'mhen y rhawg, fynd drwodd i'r gegin ar ryw berwyl ac iddo sylwi bod y cloc ar y mur wedi aros yn ei unfan funud neu ddau ar ôl chwarter wedi pedwar, yr union adeg y bu i'r claf ein gadael.

Cloc o'r tri degau oedd o – yn wir ydyw o hyd, canys bellach mae wedi etifeddu safle o anrhydedd ar un o'r parwydydd yng nghartref ein mab yng Nghaerdydd. Ac ni fu, ac nid oes, ei well am gadw'i amser. Ond beth ddigwyddodd iddo sefyll ar yr awr, yn wir y munud annaearol hwnnw, sydd a dweud y lleiaf yn gryn ddirgelwch yn arbennig o gofio ei fod wedi ei weindio rai oriau ynghynt, gorchwyl nad oedd angen ei gyflawni ond unwaith bob wythnos? A phan roddwyd ysgytwad iddo i'w ailgychwyn ni fu pall arno am ddyddiau lawer.

Ond mae'n fwy na thebyg y byddem gyda threiglad amser wedi llwyr anghofio am y peth oni bai i rywbeth tebyg ddigwydd rai blynyddoedd yn ddiweddarach.

Cawsai 'Nhad yng ngogledd Môn oes lawer hirach. Cawsai iechyd da a bu'n eitha sionc ei ysbryd a heini ei gerddediad hyd at yr ychydig fisoedd olaf ac yntau wedi cyrraedd ei bedwar ugain. Wedi colli Mam bu'n byw ei hun ond câi gryn bleser o biltran yn ei ardd, o stwna o gwmpas ei fwthyn, o ddynnu'n dragwyddol yn ei getyn o'i gadair wrth y tân ac yn arbennig o groesawu aelodau o'i deulu ynghyd â'r wyrion a'r wyresau pan ddeuent ar eu hald i edrych amdano. Ni ddisgwyliai lawer oddi wrth fywyd. Bu'n gwbl ddedwydd ei fyd ar waetha'i gyfyngiadau ac er lleied ei freintiau. Bodlonai ar ychydig, nodwedd y bu i greadur anniddig fel ei fab ieuengaf fod yn dra eiddigeddus ohoni.

Eithr dirywio a wnaeth pethau yn ei achos yntau ond o drugaredd cafodd aros yn ei gynefin hyd ddiwedd ei ddyddiau ac ni fu raid ei drawsblannu mewn ysbyty na chartref preswyl nac unrhyw sefydliad estronol o'i fath, ac fe allodd lusgo o'i wely hyd ei dridiau olaf.

Cofiaf iddo ddim ond pythefnos cyn ei farw, er yn llesg, lwyddo i godi i'w gadair a dyna lle gwelwyd o yn tynnu o'i hochor hi o'i *repertoire* eitha cyfyng ar y dôn 'It's a long way to Tipperary' bob yn ail â 'Chrug-y-bar' ar ei organ geg, er ei bod yn bur amlwg i ni erbyn hynny hefyd mai taith ddigon ber a fyddai honno i'w Diperari o ac y câi'n eitha buan wedyn ailymuno â'r ferch a ddisgwyliai amdano 'rochor draw.

Roeddem ni ein pump, fy nau frawd, fy nwy chwaer a minnau, yno yn ystod ei oriau olaf ac am ei bod yn gwbl amlwg fod y diwedd yn bur agos bwriadem aros gydag ef weddill yr amser ond fe fynnodd ein bod ni'n dau, fy ngwraig a minnau, yn dychwelyd i'r Port.

"Certiwch hi am adra lats bach," meddai'n floesg, "achos ma hi'n bygwth eira. Mi fydda i'n iawn siort ora. Mi gewch ddod eto dydd Sadwrn ylwch..."

Ac yn hytrach na gweithredu'n groes i'w ddymuniad dyna a wnaed er yn bur anfoddog. Ond oddeutu hanner awr wedi saith fore trannoeth fe ganodd cloch y ffôn. Fe wyddem yn burion pwy oedd yn galw. Harri 'mrawd hynaf â'n cyfarfu wedi inni ddychwelyd yno.

"Mynd fel diffodd cannwyll wnaeth o yn y diwadd 'sti," eglurodd, "ond dyna i ti beth od – hwyrach na choeli di ddim, a dydw inna ddim yn dallt y peth chwaith – ond wyddost ti'r hen gloc 'ma, mi stopiodd ar yr union funud y bu'r giaffar farw. Rhyfadd yntê... od gythreulig... a doeddwn i ond newydd 'i weindio fo. Fyddai'r hen beth byth yn stopio na fydda?"

Allwn innau lai na chytuno. Wedi ei sodro ar y dresar gartre y cofiwn i'r hen gloc erioed ac ni fu pall ar ei berfformiad yntau chwaith. A phan chwalwyd yr hen le fe'i cymerwyd gan fy niweddar (bellach) chwaer i'w chartre hi. Heddiw mae'n eiddo i'w merch hithau ac yn mwynhau y dyledus barch y mae ei henaint yn ei haeddu ar ei haelwyd hi yn Lloegr. Y tro diwetha yr oeddwn i yno fe sylwais ei fod yn cadw'i amser cystal ag erioed er bod peth anghysonder yn ei daro ar ben yr awr hefyd. Ond onid anghysonder fyddai ar fy nharo innau pe bawn ar drothwy fy nghant oed?

O'r gorau, rwy'n barod i gyfadde nad oeddwn i'n bersonol yn dyst i'r digwyddiad pan ddaeth i sefyll ar yr union foment y bu 'Nhad farw ond rwy'n eitha parod i dderbyn gair fy mrawd hynaf fel yr adroddwyd y stori ganddo. Ond beth am yr eglurhad? Unwaith eto fentra i ddim cynnig ateb.

Wrth wely claf yr oeddem y trydydd tro yn ogystal eithr claf go wahanol y tro hwnnw. Roedd Ebeneser, achos y Methodistiaid Calfinaidd yma ym Mhorth-y-gest, yn dod i derfyn ei rawd. Buasai'n clafychu a dihoeni ers rhai blynyddoedd fel nad oedd erbyn hynny ond ryw ddyrnaid ohonom, y ffyddloniaid, yn tybio bod unrhyw ddiben ymlafnio i'w gynnal rhagor. Roedd cyflwr yr adeilad wedi dirywio'n enbyd, y gost o gynnal a chadw heb sôn am atgyweirio'n llethol, y pwrs bron yn wag; a bu raid plygu i'r anorfod. Penderfynwyd mai llawer trugarocach fyddai dod â'i ddyddiau i'w terfyn drwy hyrwyddo marwolaeth garedig iddo, yr hyn a elwir yn ffasiynol heddiw yn iwthanesia. Mewn gair, ei gau.

Cyhoeddwyd mai ar 'nawn Sul y seithfed o Ragfyr 2008 yr oedd yr oedfa olaf i'w chynnal yno ac afraid nodi i honno, cyn cloi'r drws am y tro olaf, fod yn un eitha trom.

Fe ŵyr y cyfarwydd y saif Ebeneser mewn safle gwbl freiniol yn wynebu'r môr yng nghanol y pentref, yn wir yn llythrennol lai na thafliad carreg o ymyl y dŵr. Prin fod safle yng Nghymru gyfan allai ymffrostio mewn rhagorach na gogoneddusach golygfa o'i drws ffrynt. Eithr dim ond wyth o alarwyr oedd yn bresennol yn ei arwyl. Wedi'r rhannau arweiniol fe gaed pum munud yr un o hel atgofion hynod ddifyr gan y tri blaenor, traethiad byr gan y gweinidog, y Parch. Gareth Edwards, i ddilyn cyn iddo wedyn ein harwain at Fwrdd y Cymun. Ond waeth cyfaddef mai gollwng gafael poenus eithriadol a fu. Onid oedd rhai ohonom wedi bod yn aelodau yno ers deugain mlynedd a rhagor? Ac wrth ffarwelio ar y terfyn byddai wedi bod yn anodd dod o hyd i unrhyw un o blith y ddiadell fechan honno oedd yn berchen ar ruddiau sychion.

Wrth wneud ein ffordd yn benisel am allan fe sylwodd rhywun ar y cloc.

"'Drychwch," meddwyd, "bendith y Tad i chi, 'drychwch. Mae fel petai'r hen gloc 'na hyd yn oed yn cydymdeimlo efo ni."

Oedd yn wir, roedd hwnnw hefyd, yn ôl pob ymddangosiad, wedi rhoi i fyny'r ysbryd ac wedi sefyll am hanner awr wedi dau yn union ar ganol yr oedfa olaf un.

Ond chlywsai neb am unrhyw beth tebyg yn digwydd yn ei hanes o'r blaen. Fe gofiwn innau'n burion fel y byddwn ar ambell hen bnawn Sul go drymaidd, yn arbennig os oedd y gennad fymryn yn hirwyntog, yn troi fy ngolygon yn llesg obeithiol i'w gyfeiriad am swcwr heb iddo gymaint ag unwaith arddangos unrhyw arwydd o flinder – cloc a fu mor ddibynadwy â'r un Ben Fawr erioed. Tan y tro hwnnw.

Am y drydedd waith fe'm cawn fy hun yn ymbalfalu'n hurt bost am atebion. Beth yn enw pob rheswm oedd yr achos a pha eglurhad y gellid ei gynnig am dri digwyddiad mor gyffelyb? Dichon y byddai'r sinig yn cael hwyl fawr ar fy nghownt, yn diystyru'r cyfan am nad oeddynt yn ddim hwyrach namyn tri chyd-ddigwyddiad digon hynod. Ac y mae'n eitha posib mai dyna'n syml beth ydoedd. Hwyrach y gwelai rhywun arall ddyfnach arwyddocâd i'r peth er na fûm 'rioed fy hun yn un i ymhél â phethau'r byd arall chwaith – y goruwchnaturiol, y paranormal, yr isfyd a phethau dyrys o'u bath. Gan hynny fynna i ddim mentro ceisio cynnig ateb. Wrth rwyfo'n ddiamcan fel hyn mewn tywyllwch yr unig beth y gallaf ei wneud yw dod â hyn o druth i'w derfyn, yn union fel y'i cychwynnwyd, drwy ddatgan unwaith eto fod 'na bethau digon rhyfedd, oes yn wir, yn digwydd yn yr hen fyd 'ma weithiau.

Fi Cheeta

RHYWBRYD YN YSTOD MIS Hydref 2008 oedd hi, wrth wrando ar fwletin radio, pan glywais am hen gyfaill y tybiaswn, waeth i mi gyfadde ddim, ei fod wedi ymadael â'r fuchedd hon ers tro byd. Allwn i ddim credu 'nghlustiau. Nid... nid... 'rioed! Cwbl amhosib, bernais. Trugaredd fawr! A hyd yn oed os oedd o'n dal i fod ar dir y rhai byw fe fyddai'n hen fel pechod bellach. Pedair ugain mlynedd namyn pedair haerwyd wedyn. Dim peryg yn y byd gwaredais. Tynnwch y goes arall. Chwech wedi oed yr addewid – oeddwn i'n edrych yn wirion tybed?

Yna, fe aed ymlaen i ddatgan ei fod yn dal i fwynhau iechyd rhesymol o hyd er ei fod erbyn hynny yn derbyn maldod a thendans haeddiannol mewn rhyw fath o gartref preswyl yn Palm Springs, Califfornia.

Ond pa ffwlbri pellach, tybed, y disgwylid i mi ei lyncu? Ni fu raid aros yn hir am ateb i hynny chwaith. Roedd o newydd gyhoeddi ei hunangofiant – y cyntaf o'i wehelyth erioed, meddwyd, i gyflawni'r fath gamp. Roedd hi'n amlwg fod rhywrai yn y BBC yn dechrau drysu. Sens o rwla canys nid y dydd cyntaf o Ebrill oedd hi.

Eithr mwy am hynny yn y man. Roedd dyn, wrth reswm pawb, yn cofio mai ufudd was i arwr mawr fy mhlentyndod, sef Tarsan, fu Cheeta ac mai dyna sut y daeth i'r fath enwogrwydd i gychwyn. Fe gofiwn yn burion mai chwarae Tarsan y byddem ni bob gafael bryd hynny ac fel yr arferai pathaw dengmlwydd mewn trowsus cwta glymu rhaff wrth frigyn ucha derwen yng Nghoed Siop a'i mentro hi'n rhyfygus wedyn i swingio nes cyrraedd boncyff ar onnen ugain llath i ffwrdd – 'gneud mawr' fel y dywedid er ennyn edmygedd dwy o'r hogiau merchaid, Els Garn View a Meri Pen Cae, a safai'n gegrwth gerllaw. Gollwng oernad yn union fel fy arwr cyn cychwyn ar fy nghampau a chan gymryd arnaf 'rôl cyffwrdd y ddaear trachefn ymlafnio'n eofn â llewod a theigrod a chrocodilod a holl fwystfilod ac anghenfilod y jyngyl a'u gyrru ymaith yn archolledig yn y fargen.

"Fi Tarsan," ebychwn gydag awdurdod gan daro 'mrest yn ffyrnig wrth alw 'Bôi' ar Now Stan i'm dilyn. 'Chdi Jên' wrth Nan fy nghneithar yr un modd. Nan Tŷ Lawr yn ddieithriad gâi fod yn Jên tra bod Lun ei chwaer ieuengaf, druan fach, dan orfodaeth lem i'w helcyd hi ar ei phedwar drwy ddrain a mieri ar ein holau nes byddai yn gleisiau ac yn sgriffiadau gwaed drosti wrth iddi hi orfod cymryd arni fantell 'Fo Cheeta'.

Ac onid oedd Johnny Weissmuller wedi ei eni i'r dasg o bortreadu creadigaeth hynod Edgar Rice Burroughs? Roedd yn ŵr ifanc dwylath, dewisol a glân, perchen corff cyhyrog, y mwyaf glandeg yn y bydysawd ar y pryd ym marn rhai o'r merched oedd wedi gwirioni'n llwyr arno. Enillasai gymaint â phum medal aur am nofio mewn Gemau Olympaidd cyn erioed ddechrau arni. Chollodd o'r un ras yn ei fywyd erioed a mynd yn ei flaen o nerth i nerth gan gyflawni campau anhygoel wyrthiol fu ei hanes a chan adael ei edmygwyr meidrol mewn syndod pendronus wrth ei draed.

Os yw fy amcangyfrif i'n gywir fe ymddangosodd fel y Tarsan diffiniol mewn cymaint â dwsin o ffilmiau i gyd, bwydydd glwth y bu i mi a 'nghenhedlaeth eu llarpio mor anfeirniadol eiddgar yn y seti swllt a naw yn y Roial yn Amlwch 'slawer dydd. Daw dyrnaid o'r teitlau i'r cof y munud hwn – *Tarzan and the Amazons* a *Tarzan and the Leopard Woman*. (Cael a chael fu hi yn achos yr ail. Oni bai i Cheeta ddod i'r adwy ar y munud ola byddai wedi bod yn o ddu arno ef ynghyd â Bôi a Jên hwythau y tro hwnnw.) *Tarzan Triumphs* wedyn lle y cafodd y llaw ucha ar griw o Natsïaid neu *Tarzan's Desert Mystery* a *Tarzan and the Huntress* pan ddaeth byddin o eliffantod i'w gynorthwyo i rwystro rhaib y cloddwyr am aur, cyn iddo seinio ei 'Umgawa!' olaf un yn *Tarzan and the Mermaids* pryd y llwyddodd i arbed merch ifanc brydweddol rhag cael ei gorfodi i uno mewn priodas â ryw adyn a gymerai arno fod yn ymgorfforiad o'r duw Balu. Iesgo! Welswn i yn fy mywyd 'rioed undim tebyg.

Ond allai hyd yn oed Johnny Weissmuller ddim dal ati am byth ac fe ddechreuodd y blynyddoedd adael eu traul arno yntau. Bu raid iddo roi'r gorau iddi ac ildio'r maes i ryw greadur llipa, mursennaidd braidd, a chwbl ddibersonoliaeth i'n tyb ni, o'r enw Lex Barker. Er o ran tegwch â'r brawd hwnnw druan mae'n deg ychwanegu bod ein dawn ni i ryfeddu at gampau o'u bath, erbyn hynny, yn dechrau cael ei dihysbyddu.

Nid na roddodd o gynnig ar gyfres ar gyfer y sgrin fach yng nghanol y pum degau, ond ni fu *Jungle Jim* yn llwyddiant rhy ddisglair gwaetha'r modd; a thristach fyth fu ei weld yn chwarae rhan mor ddibwys yn ei ffilm ola un, *Won Ton Ton*, yn 1976.

Erbyn hynny hefyd roedd o wedi 'mynd drwy' chwech o wragedd ac ar ben ei dennyn. Y flwyddyn ddilynol cafodd strôc, y gyntaf o nifer, a dirywio'n araf fu ei hanes wedyn. Bu'n glaf am blwc mewn ysbyty yn Las Vegas ond byddai'n deffro'n sydyn ganol nos gan ollwng yr oernadau rhyfeddaf dros bobman a chan darfu ar y cleifion eraill 'run pryd. Bu raid ei symud i Acapulco. Yno, yn hen ŵr musgrell (os gellir credu'r fath beth amdano ef o bawb), y treuliodd weddill ei ddyddiau, yn eistedd yn ei gadair ar un o'r terasau gan edrych allan yn ddiamcan i'r Môr Tawel wrth aros ei ddiwedd. A phan ddaeth y diwedd hwnnw roedd ar ddannedd ei bedwar ugain.

Dim ond rhyw ddyrnaid o enwogion Hollywood a welwyd yn ei arwyl. Doedd Cheeta ddim yno chwaith. Ond yn briodol iawn trefnwyd fod chimpansî arall yn dirprwyo drosto yn yr orymdaith. Ac wrth ollwng ei weddillion i dir ei hir gartref ym mynwent Dyffryn y Goleuni clywyd ar dâp, yn diasbedain dros y lle, y floedd nodedig honno oedd mor gyfarwydd i'w lu edmygwyr, un a lwyddai'n gwbl ddi-feth i yrru'r fath iasau i lawr ein meingefnau ninnau yn y seti swllt a naw ar nosau Sadwrn yn y Roial mewn cyfnod a fu.

Y gwir plaen amdani yw nad ydi arwyr ddim i fod i farw canys fe aeth ryw ran ohona inna rwy'n ofni i ganlyn ei ymadawiad ef. A fu pethau byth yn union 'run fath wedyn pryd bynnag y byddwn i'n galw i gof y chwarae Tarsan efo Now Stan a Nan a Lun Tŷ Lawr ac Els Garn View a Meri Pen Cae yng Nghoed Siop amser maith yn ôl.

Eithr newyddion da o lawenydd mawr ganol mis Hydref 2008 oedd clywed am oroesiad Cheeta. Mae'n wir i mi ei chael fymryn yn anodd i gredu'r peth pan glywais y cyfeiriad ato ar y bwletin radio hwnnw. Ond credu fu raid. Erbyn deall fo yw'r chimpansî hynaf a droediodd yr hen ddaear 'ma erioed. Mae honno yn ffaith ddiymwad.

A dyna godi'r ffôn yn syth i roi galwad i siop Browser's yn y Port 'ma i archebu copi o'r hunangofiant canys mawr, hynod fawr, fy nisgwyliadau. Doeddwn i yn fy mywyd wedi darllen llyfr gan jimpansî o'r blaen. Do, hwyrach, lyfr gan ambell geiliog o blith yr hil ddynol a fynnai glochdar ynghylch ei gampau, neu fwnci go wirion, hyd yn oed hen ful styfnig, ond nid gan jimpansî chwaith!

Ymhen deuddydd roedd *Me Cheeta*, canys dyna'r teitl, yn fy llaw a minnau'n awchu am y cyfle cynta posib i bori ynddo. Roedd llun trawiadol o'r awdur ar y clawr sgleiniog. Rhyfeddais, o gofio ei oed a threigliad maith y blynyddoedd, ei fod yn edrych mor dda.

O'r gorau, waeth cydnabod yn fuan mwy na'n hwyr ddim nad ei union eiriau ef ei hun a geir rhwng y cloriau. Bu raid iddo yntau wrth wasanaeth rhith-awdur. Nid bod raid iddo gywilyddio 'run blewyn oblegid hynny cofier. Onid yw nifer o hunangofianwyr Gwalia yn euog o'r un camwedd? Ymataliaf rhag enwi neb. A phrun bynnag, o feddwl, prin mai 'camwedd'

yw'r gair priodol i'w ddefnyddio yn y cyswllt hwn. Rhag i mi
fynd i ddyfroedd dyfnion beier fy niffyg geirfa yn y mater.
Ond sôn am ddarllen difyr. Cawn hanes ei gipio o'i gartre yn
un o fforestydd Liberia, ei orfodi i gefnu ar deulu a thylwyth
a chynefin a'i drawsblannu mewn gwlad ac amgylchfyd cwbl
estronol cyn ennill ohono maes o law fri rhyngwladol fel un
o eiconau'r sgrin fawr.

Tarzan and his Mate yn 1934 oedd y tro cyntaf iddo
ymddangos cyn mynd rhagddo wedyn gyda Weissmuller i
berfformio mewn naw ffilm arall. Yn ddiweddarach wedyn
byddai'n chwarae rhan yn *Doctor Dolittle* gyda Rex Harrison,
er na fu ei gydweithio â'r seren honno yn un cwbl gytûn gydol
yr adeg chwaith. Mae sôn iddo frathu'r actor enwog mewn
ryw ffrwgwd neu'i gilydd er nad oedd llawer o fai arno am
wneud y fath beth oblegid creadur anodd iawn i'w drin oedd
Harrison ar ei orau.

Yn ei ddydd hefyd adnabu nifer o sêr enwocaf oes aur
Hollywood – Maureen O'Sullivan, Claudette Colbert, Olivia
de Havilland, Deanna Durbin, Marlene Dietrich, Greta Garbo,
Bette Davis, Ingrid Bergman, Lauren Bacall a Katharine
Hepburn heb sôn am y dynion Bogart a Brando, Chaplin
a Mickey Rooney, Henry Fonda ac Errol Flynn, Maurice
Chevalier a James Cagney a llawer mwy – nifer ohonynt yn
enillwyr y gwobrau llachar, ac yntau Cheeta yn gwbl gartrefol
ymhlith y fath gwmni hyglod. Mae'n ddoniol, yn onest, yn
aml yn deimladwy wrth iddo rannu ambell gyfrinach am
rinweddau a ffaeleddau digon dynol rhai o'r enwau mawr.

Mae'n wir i mi ddarllen sawl hunangofiant oddeutu
2008, eiddo Sulwyn Thomas, Trebor Edwards, Aled Lloyd
Davies, Shane Williams, Idris Charles, Michael Parkinson,
Julie Walters a'u tebyg, ond mae'n rhaid cyfadde, o'r cyfan
oll i gyd, mai hunangofiant yr hen batriarch Cheeta a roes y
pleser pennaf o ddigon i mi. A doedd o ddim wedi'r cwbl, os
yw'n weddus dweud y fath beth, yn ddim ond hunangofiant
chimpansî! Fourth Estate, cangen o HarperCollins, oedd y

cyhoeddwyr. Bu'n fargen am ddwy bunt ar bymtheg namyn ceiniog.

A does gen i ddim i'w ychwanegu ond diolch o waelod calon i Cheeta am yr atgofion, am iddo fy nghludo'n ôl i gyfnod pan oedd yr hen fyd 'ma'n llawer ieuengach ac am y pleser digymysg a gaed yn ei gwmni. Yr un pryd fe hoffwn ddymuno llawer blwyddyn ddedwydd arall iddo i fwynhau ei ymddeoliad hir a chwbl haeddiannol yn heulwen Palm Springs, Califfornia.

Eicon

ARWR DROS AMSER, WRTH reswm, fu Johnny Weissmuller. Fe etifeddodd y nesaf safle eiconig yn oriel fy anfarwolion. Llenor oedd hwnnw.

Fe'i cyflwynwyd i ni gynta 'rioed wrth i'n hathrawes Gymraeg yn Ysgol Amlwch ddarllen pytiau o'i waith yn y chweched dosbarth, darnau o gyfrol a enillasai'r Fedal Ryddiaith iddo yn Eisteddfod Genedlaethol Llanrwst 1951, eiddo rhyw weinidog ifanc o Lanfair Caereinion – ple bynnag, i rai fel ni â'n gorwelion bryd hynny yn rhai mor gyfyng, yr oedd fan 'no!

Ond fe glywswn am ryw Islwyn Ffowc Elis ar yr aelwyd gartre am ei fod yn un o griw'r Noson Lawen ac yn llawia mawr hefo Huw'r Felin Wen, fel yr adwaenid y Parch. Huw Jones yn ein hardal ni.

Cyfrol ddigon tenau oedd hi ond bod ei theitl o flaen dim yn denu. Roedd llawer i'w ddweud 'run pryd o blaid ei siaced lwch o liw glas ysgafn gydag argraff o gysgod gŵr yn gwneud ei ffordd i gyfeiriad grisiau nad oeddynt fel petaent yn arwain i unlle a chan fynd heibio i dair coeden, y gyntaf yn ei blodau, yr ail yn ei ffrwythau a'r olaf wedi gwywo, gwaith ryw arlunydd o'r enw Mr J G Williams. Ond prin y meddyliwn i yr adeg honno y deuwn i nabod y Mr J G Williams hwnnw yn bur dda ac y cawn ryw ddydd y fraint fawr o fwynhau peth o'i gwmni ar ein haelwyd ym Mhorth-y-gest, sef Jac Williams, Cricieth, awdur y clasur hwnnw *Pigau'r Sêr* ymhlith nifer o gyfrolau ardderchog eraill.

Dim ond ryw un ar bymtheg o ysgrifau digon byrion oedd ei holl gynnwys ond fe'm cyfareddwyd dim ond o ddarllen ychydig frawddegau o'i pharagraff agoriadol:

Mae'r haul wedi codi naw mil o weithiau er pan welais ef gyntaf. Ni ŵyr ef mo hynny. Ni ŵyr ychwaith pa faint o'i fachludoedd a gedwais, na pha sawl noson o sêr ar ôl iddo fynd dan y byd. Mi syllais arnynt a'u storio lle nad oes gwyfyn na rhwd yn llygru, na dim, ond henaint, a lle nad oes lladron yn cloddio drwodd, ond angau. A heno, cymeraf yr allwedd, a mynd at ddrws yr ystorfa, a thynnu'r tapestrïoedd a'r llenni o'u llwch.

Roeddwn i wedi 'nal. A phrofiad meddwol bron oedd darllen, ailddarllen a thrydydd darllen 'Adfyw', 'Melodi' neu 'Eiliadau Tragwyddol', 'Y Sais', 'Craig y Pandy' a 'Cyn Mynd' i enwi dim ond dyrnaid. Yn wir gallwn heddiw adrodd darnau helaeth ohonynt ar fy nghof, ond er ymgyfarwyddo cymaint â hwy dros y blynyddoedd y mae'r 'dewinol rin' hwnnw y soniodd T J Morgan amdano yn ei ragair i'r gyfrol yn aros. Dim ond un peth a'm dadrithiodd ryw gymaint ac a barodd beth gofid i mi'n ddiweddarach oedd deall nad oedd yr awdur ei hun ymhen rhai blynyddoedd wedyn yn rhy barod i arddel ei gampwaith.

Eithr hogyn ar ei brifiant llenyddol oeddwn i yr adeg honno yn Ysgol Amlwch, un â'i fryd ar fynd i goleg ryw ddydd. Ac onid oedd Islwyn Ffowc Elis wedi bod yn glafoerio am ei ddyddiau ef yno ac yr oedd darllen brawddegau fel y rhai canlynol yn fy nenu innau'n sicr i'r Coleg ar y Bryn:

Ac yna, daeth dyddiau Bangor. Ni bu, ac ni bydd eu tebyg. Pe rhoed imi erddi Babilon neu filiynau anghyfrif Rockefeller, nid wyf yn credu heddiw y newidiwn hwy am y pum mlynedd meddwol hynny. Bu Menai yn las ac yn frochus, aeth gwanhwynau drwy Sili-wen, ac ni chyfrifais eu myned...

ac ati. Os bu swyddog recriwtio effeithiol i Goleg y Gogledd erioed ef oedd hwnnw.

Yna, erbyn Rhagfyr 1953 yr oedd ei nofel gyntaf *Cysgod*

y Cryman wedi ei chyhoeddi, yr un Mr J G Williams wedi cynllunio'r clawr a'i hawdur ifanc deg ar hugain oed wedi croesi'r Bont i Ynys Môn ac wedi ei sefydlu yn weinidog yn Niwbwrch. Yr oedd darllen dim ond ryw ddwy neu dair o frawddegau agoriadol y nofel honno hefyd yn ddigon:

> Yr oedd yr haf yn doreithiog yn Nyffryn Aeron y flwyddyn honno. Yr oedd barrug Ionawr wedi brathu'r pridd ac eira Chwefror a Mawrth wedi'i garthu a llifogydd Ebrill wedi golchi'i wenwyn i'r môr. Ac yn ei phuredigaeth yr oedd yr hen ddaear wedi atgyfodi'n wallgof wyrdd.

A dyna fy rhwydo eilwaith wrth ddilyn hynt a helynt Harri Vaughan, mab Lleifior, yn fyfyriwr disglair ym Mangor a'r dröedigaeth annisgwyl a gafodd yno. Gymaint roddwn i heddiw, o gofio'r wefr fawr pan gyhoeddwyd hi yn 1953, am gael blasu'r un profiad o fedru darllen *Cysgod y Cryman* o'r newydd ac am y tro cyntaf unwaith eto, pe bai hynny ddim ond yn bosib. Rwy'n mynnu datgan hefyd â'm llaw ar fy nghalon i mi yn y cyfamser ddarllen nofelau di-ri eraill, eiddo awduron enwog a thalentog, ond mae'n rhaid i bob un o'r cyfryw rai faddau i mi pan ddywedaf mai ohonynt oll 'fy nghariad cyntaf a'm llwyraf i' oedd Islwyn Ffowc Elis.

Ni allwn ddianc rhagddo chwaith pan ddaeth hi'n ddyddiau o brysur bwyso arnaf yn arholiadau'r Safon Uwch ar derfyn fy ngyrfa yn yr ysgol. Yn yr ail bapur teirawr a osodwyd ar ein cyfer yn y Gymraeg fe ddisgwylid nid yn unig i ni draethu ar agweddau ar y llyfrau gosod *Ysgubau'r Awen*, *Meddwn I* a *Chwalfa* ynghyd â'r ddrama *Antigone* ond hefyd i ateb adran orfodol sef cyfieithu dau ddarn, y naill o'r Saesneg i'r Gymraeg a'r llall o'r Gymraeg i'r Saesneg. Darn o eiddo George Borrow oedd i'w gyfieithu o'r Saesneg ond ar fy ngwir allwn i ddim credu'r peth, roedd Islwyn Ffowc Elis yn dal i hofran o'm cwmpas canys beth welwn i'n serennu arnaf o'r papur ond darn a oedd i'w gyfieithu o'r Gymraeg i'r Saesneg a adwaenwn mor dda sef ail baragraff yr ysgrif oedd yn dwyn y teitl 'Melodi' yn *Cyn Oeri'r Gwaed*. Cyfieithwch i'r Saesneg, awdurdodwyd:

Eistedd yn amyneddgar yr oeddwn drwy'r hysbysebion cyn dechrau'r darlun, a waeth imi gyfaddef nad yw amyneddgar yn cwbl ddisgrifio'r eistedd chwaith. Fodd bynnag, drwy'r tywyllwch rhudd ac uwch y mwmial gwenynaidd, torrodd hon i'r awyr. Y felodi fwyaf gafaelgar a glywais i erioed...

ac yn y blaen. Mae'n amheus iawn gen i, cofier, a wnaed unrhyw fath o gyfiawnder â'r gwreiddiol wrth i'r hogyn ymlafnio'n chwyslyd i'w gyfieithu i'r Saesneg yn yr ystafell drymllyd honno yn Amlwch yng ngwres Mehefin 1954, ond câi gryn gysur o sylweddoli iddo o leia lwyddo i adnabod y darn a'i fod yn ddyfyniad o waith ei hoff awdur.

A do, fe fu'r arholwr, bendith ar ei ben annwyl, yn drugarog, oblegid ym mis Hydref yr un flwyddyn cefais gofrestru'n fyfyriwr yn y Coleg ar y Bryn fel y gallwn innau wedyn ddweud: 'Ac yna, daeth dyddiau Bangor. Ni bu, ac ni bydd eu tebyg...'

* * * * *

Yn bur wahanol i heddiw fe dyrrai llu o fyfyrwyr i oedfa ar nos Sul bryd hynny. Byddai cynulleidfa gref yn ymgynnull yn y galeri yng nghapel Twrgwyn i wrando pregeth, rhai'r Brifysgol y naill ochr a rhai'r Coleg Normal yn eu hwynebu o'r ochr arall. A phan oeddwn yn lletya yn Ffordd y Coleg yno yn achlysurol y cyrchwn innau, eithr pan symudais ar gyfer fy nhrydedd flwyddyn i lety yn ardal y Garth awn i'r Tabernacl.

Gweinidog y Tabernacl ar y pryd oedd y Parch. Harri Williams, y llenor a fyddai'n ennill Medal Ryddiaith Eisteddfod

Genedlaethol Caerdydd 1978 am ei gyfrol *Y Ddaeargryn Fawr*, hunangofiant dychmygol a oedd wedi ei sylfaenu ar fywyd a gwaith Søren Kierkegaard, y diwinydd o Ddenmarc, tad y ddirfodaeth fodern. Roedd hefyd yn awdur nofel wedi ei sylfaenu ar fywyd Dostoiefsci a fu ond y dim ag ennill Gwobr Goffa Daniel Owen iddo ym Maldwyn yn 1981. Yn enedigol o Lerpwl ond gyda'i wreiddiau yn ddwfn yn Ynys Môn byddai croeso bob amser i fyfyrwyr ar aelwyd y gŵr hynod ddiymhongar hwnnw ac ambell dro dros de ar brynhawniau Sul caed cyfle i gyfranogi o'i letygarwch hael ef a'i briod. O'r herwydd doedd hi'n syndod o gwbl mai i'r Tabernacl y cyrchai rhai ohonom ar gyfer oedfa.

Ac yno un nos Sul y clywais Islwyn Ffowc Elis yn traethu am y tro cyntaf a honno'n bregeth a adawodd gryn argraff ar fyfyriwr ifanc. Fe gododd ei destun o gymal olaf y ddegfed adnod ar hugain yn nhrydedd bennod ar ddeg Efengyl Ioan. Fe gofia'r cyfarwydd fod y disgyblion yn y bennod honno wedi ymgynnull yn yr Oruwchystafell lle bu i'r Iesu ymgymryd â'r gorchwyl o olchi eu traed cyn cyhoeddi bod bradwr yn eu plith. Wedi iddo droi i gyfeiriad Jwdas mae'n ei annog â'r geiriau, "Hyn yr wyt yn ei wneuthur, gwna ar frys..." Ar hynny gwelir y bradwr yn gadael y cwmni. A dyna pryd yr ychwanegwyd y geiriau yr oedd y pregethwr wedi eu dewis yn destun: 'Ac yr oedd hi'n nos.'

Yn bwyllog a rhesymol yn ôl ei arfer, heb godi ei lais gymaint ag unwaith, ac yn fyr a chryno, aeth ati i draethu ei genadwri a chan fanteisio 'run pryd ar y cyfle a gynigiai ei destun iddo i gyhoeddi cnul y grefydd gyfundrefnol ac fel yr aethai'n nos ddu ar honno'n ogystal.

I wrandawr ifanc ugain oed roedd y cyfan mor ffres a newydd. Onid dyma'r gŵr a oedd wedi datgan yn ddiflewyn-ar-dafod yn *Y Drysorfa* ym Mai 1955 ei fod 'yn bartïol i gau pob eglwys a chapel am ugain mlynedd' gan ddadlau y byddai'r effaith ar aelodau'r eglwysi hynny 'yn ddramatig a phuredigol'? Bron nad oedd dyn wedi ei syfrdanu! Dychwelais i'm llety wedi'm hurtio braidd gan eistedd i lawr yn syth i gyflawni gorchwyl na wnaethwn erioed mohono o'r blaen nac unwaith erioed wedyn chwaith, sef ceisio cofnodi ar bapur bopeth a gofiwn o'r bregeth honno. Aeth rhagor na hanner canrif heibio bellach ers i mi wrando arni ond rwy'n dal i gofio tameidiau ohoni o hyd ac fe wn, pe chwiliwn ymhlith fy mhapurau yn y tŷ 'ma, y deuwn o hyd i'r nodiadau llawn a gedwais bryd hynny.

Dim ond unwaith wedyn y clywais ef yn pregethu o bulpud y Tabernacl, sef ar fore Sul, 24 Tachwedd 1956. Steffan, y merthyr, yn ddi-ddal dig wrth weddïo dros ei erlidwyr oedd ganddo dan sylw y tro hwnnw er iddo gyfeirio'n aml at y gwrthryfel yn Hwngari a'r tanciau Rwsiaidd ar strydoedd Budapest. Cofiaf yn arbennig un frawddeg o'i eiddo: "Conshis," tystiodd, "dyna oedd Cristionogion yr Eglwys Fore bob un."

Erbyn fy mhedwaredd flwyddyn yr oeddwn yn dilyn y cwrs hyfforddi ar gyfer athrawon. A blwyddyn o segurdod difyr os cyfan gwbl ddiwerth fu honno pan orfodid dyn i ddysgu toreth o ddeunydd na fyddai'n dda i ddim oll i'w ymarfogi ar gyfer sefyll o flaen dosbarth o blant. Yn ystod y misoedd hynny fe'm caed yn gyson eiddgar yn llarpio'r gwleddoedd glwth a gâi eu harlwyo'n wythnosol ger ein bron yn sinema'r Plaza, yr union fan y clywsai Ffowc Elis flynyddoedd ynghynt y felodi hudolus honno yn torri ar ei glyw wrth iddo ef aros i weld ryw lun neu'i gilydd. Yn wir rwy'n gwrido heddiw wrth gyfadde i mi a chyfaill gyrchu yno deirgwaith, do deirgwaith, yr un wythnos, creder neu beidio, i weld yr un llun! Fentra i ddim enwi'r llun hwnnw chwaith rhag i rywrai godi amheuon ynghylch ein chwaeth! Digon yw datgan bod John Mills, y bu bron iddo ar ei liwt ei hun, yn ôl yr hen ffilmiau propagandaidd hynny, ennill yr Ail Ryfel Byd i Brydain Fawr, yn chwarae rhan flaenllaw ynddo, ynghyd ag Eric Portman yntau. Llond bol o sglodion wedyn o'r dafarn datws ragorol honno gyferbyn â sinema'r County yng ngwaelod y dre cyn ei gwneud hi'n dalog yn ôl i'm llety.

Ar fy ffordd awn heibio Irfon, un o'r tai a safai ar Ffordd y Garth, lle symudasai Islwyn Ffowc Elis i fyw unwaith y bu iddo adael y weinidogaeth a chychwyn ar gyfnod fel llenor amser llawn. Hwnnw, mae'n debyg, oedd un o gyfnodau dedwyddaf ei holl fywyd, cyfnod prysur eithriadol o sgwennu a sgriptio a chynhyrchu rhaglenni radio a mynd o gwmpas llu o gymdeithasau i ddarlithio. Ac oni fu ar ddechrau'r union gyfnod hwnnw, mae'n dda gen i gyhoeddi, yn diwtor gyda Chymdeithas Addysg y Gweithwyr yn dysgu agweddau ar lenyddiaeth Gymraeg yn hen bentre bach Carreg-lefn? Bob tro y dychwelwn i adre i fwrw ambell Sul doedd dim i'w gael ond canmol di-ben-draw i'r "bôi ifanc, y Ffowcs Elis 'na, wyddost ti hwnnw fu'n weinidog yn Niwbwrch nes iddo roi'r ffidil yn y to yno".

Beth bynnag am hynny, pan fyddwn i'n cerdded yn ôl o'r Plaza neu wedi i mi fod ar berwyl arall rywle, fe'm cefais fy hun droeon yn loetran dros y ffordd i Irfon gan sylwi bod y golau 'mlaen mewn ryw lofft i fyny'r staer. Y llenor yn gweithio'n hwyr yn ei stydi roedd hi'n amlwg, a minnau'n ceisio dyfalu pa gynllun oedd ganddo ar waith ar y pryd tybed. Yn wir, erbyn haf 1957 roedd wedi cyhoeddi ei bedwaredd nofel mewn llai na phedair blynedd – *Cysgod y Cryman, Ffenestri Tua'r Gwyll, Yn ôl i Leifior* ac *Wythnos yng Nghymru Fydd* – a minnau fel llu mawr o rai tebyg imi â gwanc anniwall yn awchu am ragor ac am ragor. Bron nad oedd Islwyn Ffowc Elis yn ymylu ar fod yn dduw yn fy ngolwg i 'radeg honno.

Eithr gorfod bodloni ar fod yn edmygydd o hirbell megis fu fy nhynged canys dim ond unwaith erioed y cefais y fraint o dorri gair ag ef, a chyfle na fanteisiwyd arno'n llawn fu hwnnw gwaetha'r modd. Wythnos Eisteddfod Genedlaethol y Rhyl 1985 oedd hi a ninnau wedi mynd i Theatr Twm o'r Nant i weld perfformiad o'r ddrama a enillodd y Fedal yn Llanbedr Pont Steffan y flwyddyn flaenorol, sef *Be ydi Be?*, gwaith ein cyfaill o'r Port, Gwynne Wheldon. Yn union ar draws yr ale gyferbyn â ni eisteddai Islwyn ac ar derfyn y perfformiad

trodd ataf yn gwrtais, os peth yn swil, yn sicr yn ymddiheurol
– "William Owen yntê?" holodd gan estyn ei law.
Fe'm parlyswyd ennyd! Doedd y peth ddim yn bosib.
Rargol! Prin fod nofelydd mwyaf Cymru yn fy nabod i. Eithr
heb orfanylu fe gyfeiriodd at ryw druth bychan yr oeddwn
wedi bod yn ddigon ffodus o gael ei gyhoeddi mewn rhyw
gylchgrawn neu'i gilydd ychydig ynghynt a chan ychwanegu
iddo gael blas ar y gwaith. Allwn i ddweud yr un gair; a phan
lwyddais i fwmblian rhywbeth daethai yr atal dweud rhyfeddaf
drosta i! Roedd y peth mor annisgwyl. Ryw dri munud cwta
barodd y cyfan ond bu'n ddigon i'm gadael mewn ryw fath
o berlewyg. "Nos da," ychwanegodd wedyn, "mwynhewch
weddill y 'steddfod."

Euthum adre, maddeuer fy nhipyn ymffrost, yn teimlo'n
gawr. Yn wir bûm yn diodde o rithweledigaethau o fawredd
am rai oriau! Onid oedd Islwyn Ffowc Elis o bawb wedi
canmol ryw ymdrech bitw o'm heiddo? Nerth o'r goruchaf!
Er mai buan y dychwelais at fy nghoed cofier.

Eithr fe gofiaf y sgwrs fer honno tra byddwyf. Wedi'r cyfan
pan fo dyn ddim ond unwaith yn ei fywyd yn cael y fraint
fawr o gyfarfod â'i arwr, un oedd â'i ysgwyddau'n uwch hyd
yn oed na'r Tarsan arall hwnnw, dydi o ddim ar frys i ollwng
yr achlysur o'i feddwl nac o'i gof.

Cinio a drama am ddim

MIS TACHWEDD OEDD HI a ninnau wedi picio am ryw ddeuddydd i Ddulyn. Picio meddir, rhywbeth sy'n gwbl bosibl pan nad yw dyn yn byw ond ryw gwta awr o Gaergybi. Ar ddiwrnod da gellir bod ym mhrifddinas y Gwyddel o fewn teirawr a hanner o adael drws ein tŷ. A chyn canol dydd y diwrnod hwnnw roeddem yn glyd yn ein hystafell ar y trydydd llawr yng ngwesty Wynn, lai na chanllath o ganol Stryd O'Connell.

Dafliad carreg o'r gwesty hefyd, yn hwylus reit, fe saif theatr yr Abbey ac yno yr oedd ein cyrchfan ar y noson gyntaf. Pleser yn ddieithriad yw camu dros y trothwy i gyntedd y theatr enwog honno a sylwi ar y portreadau niferus mewn olew o'r arloeswyr cynnar sy'n britho'r parwydydd – W B Yeats ac Augusta Gregory, y sylfaenwyr, y Saesnes gefnog Annie Horniman a roes nodded ariannol mor hael iddi yn y dyddiau cynnar anodd ynghyd â rhai o'r hen actorion fel y brodyr Fay a'u tebyg.

Un o gampweithiau Bertolt Brecht, *The Resistible Rise of Arturo Ui*, oedd yr arlwy gyda Chicago y tri degau, fel y cofir, yn gefndir iddi. Yn y ddrama mae'r amser yn un caled, prisiau'n codi'n enbyd, dirwasgiad ar y gorwel ac angen dybryd am arweiniad o rywle. Gyda gwên ffals ar ei wyneb, dryll mewn un llaw a chriw o ddihirod i'w ddilyn gwêl Arturo Ui ei gyfle. Mae'n cynnig ffordd o ymwared i'r bobl, eithr am bris. Ffars ddychanol ydyw, alegori ynghylch y modd y dyrchafwyd Hitler i fri yn yr Almaen.

Y fath berfformiad ysgytwol gofiadwy a gaed gyda Tom Vaughan-Lawlor yn disgleirio yn y brif rôl. Choelia i fyth na chollodd o bwysi lawer yn ystod y perfformiad hwnnw'n unig

37

gan gymaint o'i egni a sugnwyd wrth iddo fynd i ysbryd y part. Dyn a helpo'r creadur truan, barnwyd. Fydd 'na fawr ohono ar ôl erbyn diwedd y rhediad 'mhen tair wythnos.

Ganol bore trannoeth a ninnau newydd fod yn hamddena dros banaid o goffi yn siop Clery, dyna benderfynu croesi'r ffordd i bori ymhlith y silffoedd llyfrau yn Eason. Yn y man daeth ryw ferch ifanc heibio yn dosbarthu taflenni gan fynnu ein bod yn derbyn un ganddi. A rhag bod yn anghwrtais fe'i derbyniais yn ddibrotest. Roedd rhyw sect grefyddol arall, bernais, ar dân rhag i mi beryglu iachawdwriaeth dragwyddol fy enaid ac yn ysu am fy achub. Fe'i bwriais i 'mhoced heb gymaint ag edrych arni. Eithr dros ginio mi gofiais amdani a dyna benderfynu cael golwg arni.

Nage wir, nid dyna ydoedd. Doedd neb wedi'r cwbl wedi ceisio fy achub. 'Back by popular demand' cyhoeddwyd dan bennawd bras.

Erbyn deall roedd drama yn dwyn y teitl *The Tower* (nid cyfieithiad o un o gampweithiau Gwenlyn Parry chwaith) yn cael ei pherfformio yn ystod yr awr ginio gydol yr wythnos honno yn y theatr fach ar lawr uchaf bwyty Bewley ar Stryd Grafton; y pris mynediad yn bymtheg ewro ond gyda phryd ysgafn o ginio hefyd i'w gael fel rhan o'r fargen. Mae hyn yn swnio'n addawol, barnwyd. Beth amdani? Fe gaed unfrydedd llwyr yn syth rhwng y ddau ohonom. Ond o gofio nad oedd lle i fawr mwy na deugain yn yr awditoriwm led gyfyng honno dyna estyn am y ffôn symudol yn y fan a'r lle i ddeialu rhyw rif oedd ar y daflen i archebu tocynnau. Fe gymerodd hydion i rywun ateb o'r pen arall a phan wnaed roedd y brawd yn methu'n lân â deall beth oedd y brys nac achos y ffwdan, yn enwedig â ninnau ddim ond yn sôn am berfformiad trannoeth!

"Bobol bach!" gwaredwyd, "dim ond i chi gyrraedd Bewley erbyn chwarter i un rydan ni'n siŵr o'ch stwffio chi i mewn i rywle, petai hynny hyd yn oed ddim ond ar y llwyfan efo'r actorion!"

Mewn llai na phedair awr ar hugain fe'n gwelwyd ninnau yn neidio ar fws i'n cludo i St Stephen's Green lle buom yn cymowta am ryw hyd i ladd amser cyn ei gwneud hi'n dalog ychydig wedi hanner dydd i mewn drwy ddrysau agored bwyty Bewley i holi ple'r oedd y tocynnau ar gyfer y ddrama awr ginio yn cael eu gwerthu. Dim ond i gael ymateb digon od. "Drama? Pa ddrama? Bwyd sydd i'w gael yn Bewley nid drama! Hwyrach eich bod chi wedi camddeall. Triwch yr Abbey neu'r Gate..."

Gwaetha'r modd roeddwn i wedi colli'r daflen oedd yn hysbysebu'r peth fel na allwn ei gwthio o dan drwyn y sawl a honnai ein bod wedi cyfeiliorni mor ddifrifol. Eto, ar y llaw arall, doedd bosib fod y ferch ifanc serchog honno a'i gwthiodd i'n llaw yn Eason y diwrnod cynt wedi chwarae tric arnom, ein twyllo'n fwriadol. Nid y dydd cyntaf o Ebrill, wedi'r cyfan, oedd hi.

Ond 'mhen hir a hwyr, er mawr ryddhad inni, daeth yr union ferch ifanc i mewn drwy'r drws gan sefyllian yn y fan honno wedyn i ddosbarthu mwy o'i thaflenni. A dyna ymosod arni'n syth. Chwerthin wnaeth hi. Doedd dim angen pryderu. Fe fyddai drama am chwarter i un dim ond i ni gymryd y lifft i'n cludo i'r llawr uchaf. Byddai rhywun yn fwy na pharod yno i'n derbyn ac i werthu faint fyd fynnem o docynnau inni.

A dyna a wnaed, i ganfod bod dwy arall wedi cyrraedd o'n blaenau yn aros i'r drysau agor. O'r diwedd roedd pethau yn dechrau ymddangos yn fwy gobeithiol ac erbyn ei bod yn nesu at un o'r gloch gwelwyd bod cynffon o giw wedi ymffurfio. Toc, daeth rhywun heibio o rywle i gasglu arian gan gychwyn â'r ddwy oedd ar y blaen. O weld hynny dyma finnau i'm poced yn syth i grafu am ddeg ewro ar hugain i'w rhoi iddi, dim ond i'm cynnig hael gael ei wrthod yn lled ddirmygus: "But you are not in my group, are you?" meddwyd wrthyf wrth iddi symud i lawr y rhes i dderbyn cyfraniadau'r etholedigion y gofalai hi amdanynt.

Roedd hi'n chwarter wedi un pan agorwyd y drysau o'r diwedd. Nid bod hynny'n annisgwyl rhywsut o gofio na fu'r Gwyddelod erioed yn rhai dihareb am osod prydlondeb ymhlith eu blaenoriaethau. Onid amhrydlondeb yw un o'u nodweddion mwyaf hoffus? I mewn â ni o'r diwedd gan gynnig talu – am yr eilwaith – i'r sawl a safai yno i'n derbyn, dim ond i gael ateb digon gwamal: "Raid i chi ddim poeni" (er nad oeddem yn poeni'n ormodol chwaith) "wnawn ni ddim caniatáu i chi ddianc oddi yma heb dalu. Fe ddaw rywun atoch chi yn y man."

Ystafell o faint canolig oedd hi gydag oddeutu deugain o gadeiriau wedi eu rhannu o gwmpas ryw ddwsin o fyrddau a chyda catyn o lwyfan eitha moel ar draws un gornel yn ein hwynebu. Wedi i bawb ddewis sedd daethpwyd â'r *light lunch* ger ein bron, powlennaid o gawl tew ynghyd â dau ddarn o fara haidd, arlwy rhaid dweud, onid oedd yn fawr nac yn ddigon, oedd eto'n un flasus eithriadol ac un y gwnaed cyfiawnder llwyr a theilwng iawn â hi mewn dim o dro canys roeddem ar ein cythlwng heb gael yr un tamaid ers ein brecwast cynnar yng ngwesty Wynn. A does gen i'r un amheuaeth chwaith na fyddem wedi cydsynio'n frwd i ganiatáu i rywun ail-lenwi y dysglau gweigion petai rhywun wedi bod yn ddigon hael i roi cynnig inni, er na ddaeth 'na neb chwaith. Ond prin, chwarae teg, ei bod yn deg i ninnau ddisgwyl gwledd o basgedigion a drama am bymtheng ewro yr un; ac wedi i ni gael hanner ein digoni felly rhoed cychwyn i'r perfformiad.

Drama wedi ei gosod yn y presennol oedd hi a'i lleoli yn y tŵr Martello nid nepell o Sandycove ar gyrion Dulyn gyda'i hawdur, yn ei ddychymyg, yn dod â dau a fu unwaith yn gyfeillion o fath, James Joyce ac Oliver St John Gogarty, at ei gilydd trachefn i adnewyddu hen berthynas, yn arbennig wrth i'r ddau, o fod yn berchen doethineb trannoeth fel petai, edrych yn ôl dros ysgwydd y blynyddoedd ar eu bywyd a'u celfyddyd. Roedd yr actor Tom Hickey yn cymryd arno fantell y naill a Bosco Hogan y llall.

Fe gyfarfu'r ddau awdur enwog rheini â'i gilydd am y tro cyntaf mae'n debyg pan oeddynt yn fyfyrwyr anghyfrifol yn yfed a mercheta yn ystod blynyddoedd cynnar yr hen ganrif. Datblygodd cyfeillgarwch rhyngddynt er bod hwnnw wastad yn gyfeillgarwch oedd o dan straen ar gyfrif y gystadleuaeth eitha ffyrnig a oedd yn gyson frigo i'r wyneb rhwng y ddau. Ac am ei bod ar dir mor sigledig daethai'r cyfan i ben yn y twr Martello ym Medi 1904 pan ddigwyddodd y ffrwgwd saethu enwog honno berfeddion nos, achlysur a fu'n fan cychwyn yn ddiweddarach i bennod agoriadol clasur James Joyce, *Ulysses*. O fewn mis wedyn yr oedd Joyce wedi cefnu ar Iwerddon ar ddechrau oes o alltudiaeth wirfoddol. Bu i'r ddau lythyru â'i gilydd yn achlysurol wedi hynny mae'n wir er na fu iddynt gyfarfod ddim ond unwaith wedyn sef yn 1909 ar un o ymweliadau Joyce â'i famwlad. Eto i gyd yr oedd y naill fel y llall wedi cadw llygad craff o hirbell megis ar yrfaoedd ei gilydd. Yn wir yr oedd Gogarty wedi cymryd ato'n ddifrifol o gael ei bortreadu yn *Ulysses* fel y stordyn llyfndew hwnnw, Buck Mulligan, o'i gymharu â'r Stephen Dedalus teimladwy fel y portreadodd Joyce ei hun ynddi. Casâi y nofel â chas perffaith.

Wedi i'w llwybrau wahanu aeth Joyce yn ei flaen i gael ei gydnabod yn rhyngwladol fel un o eiconau llenyddiaeth yr ugeinfed ganrif tra bod Gogarty, er ei fod wedi ennill enwogrwydd fel llawfeddyg llwyddiannus, fel seneddwr uchel ei barch a bardd y gwelodd W B Yeats yn 1936 yn dda i gynnwys cymaint ag un ar bymtheg o'i gerddi yn yr *Oxford Book of Modern Verse*, yn ogystal â bod yn awdur saith o nofelau, wedi ei ddadrithio. Yn drigain oed yn 1939 ymfudodd i Efrog Newydd lle treuliodd weddill ei ddyddiau ond fe ddaliodd ati i ysgrifennu er nad oedd fawr o fochau bodlon pan a phryd bynnag y byddai'n trafod ei waith gyda'r Americanwyr o ganfod mai eu pennaf ddiddordeb hwy oedd ei glywed yn sôn am y berthynas a fu rhyngddo unwaith a'i hen gyfaill, James Joyce! Yn America hefyd, yn 1957, y bu farw ond dygwyd ei weddillion i'w claddu yn Letterfrack, Connemara.

O gofio nad oedd Gogarty yn ail i neb, onid hwyrach i Oscar Wilde, am ei sylwadau bachog a'i synnwyr digrifwch Rabelistaidd doedd y perfformiad ddim yn brin o hiwmor. Eto i gyd, ac er eu bod yn ymddangos yn y ddrama fel petaent yn ddigon cyfeillgar, fe'u ceir yn edliw hen bethau digon cas i'w gilydd wrth iddynt ddwyn ar gof droeon eu gyrfa. Mae'r naill yn mynnu sgorio ac ennill pwyntiau heriol ar y llall – Joyce, ar un wedd, yr athrylith llwyddiannus cydnabyddedig, yn taflu ei bwysau yn erbyn Gogarty, y diletant rhwystredig na lwyddodd erioed i gyflawni ei botensial a chyrraedd y brig. A'i wrthwynebydd llewyrchus ei fyd ar y llaw arall yn taro'n ôl yn sarhaus a ffroenuchel gan ddadlau iddo ef gael llawer mwy o fwyniant o'i fywyd ar yr hen ddaear 'ma gan na fu raid iddo fod mewn angen am undim materol erioed. Onid oedd Joyce wedi dioddef oes o anghysur wrth geisio gwneud ei farc? A pha lesâd fu hynny i unrhyw greadur? Doedd derbyn clod wedi ymadael â'r fuchedd hon yn dda i ddim i neb!

A rhyw rygnu a checru fel yna am dri chwarter awr, eithr yn bur effeithiol ac er cryn fwynhad i'r gynulleidfa, y bu'r ddau, weithiau'n chwareus dro arall yn fileinig, ond heb i'r un ohonynt gael y llaw uchaf chwaith.

Ar y terfyn, â'r ystafell yn prysur wagio, dyna roi cynnig arni am y drydedd waith. Doedd bosib erbyn hynny nad oedd rywun ar gael i dderbyn tâl am y boddhad a gawsom? Er mai ein cymryd yn bur ysgafn a wnaed wedyn hefyd: "Two penitent souls seeking absolution for venturing in without paying…" pryfociwyd, ond gan ein sicrhau y byddai'r ferch a oedd yn gyfrifol am ddosbarthu y taflenni yn aros yn eiddgar amdanom lawr y staer. Doedd gennym yr un gobaith i'w hosgoi.

Popeth yn dda felly, eithr pan gyrhaeddwyd y llawr gwaelod doedd dim golwg ohoni yn unman. Roedd wedi diflannu'n llwyr oddi ar wyneb y ddaear er bod prysurdeb y mynd a'r dod yn dal yn ei anterth a'r gweinyddesau yn dal i wibio o gwmpas yn gwasanaethu byrddau gan ein hanwybyddu ni'n gyfan gwbl.

Wedi'r strach o geisio talu droeon ond heb gael cydweithrediad gan yr un copa walltog, na'r un cydymdeimlad, hwyrach na welid rhithyn o fai arnom am roi'r ffidil yn y to a cherdded allan yn llechwraidd. Oni bai fod 'na ryw dwtsh o hen gydwybod Methodistaidd yn llechu yn yr isymwybod rywle o hyd.

A dyna benderfynu rhoi un cynnig terfynol arni. Hwnnw yn sicr fyddai'r tro olaf. Gyda'n hamynedd ar ballu taclwyd rhyw eneth a safai gerllaw. Roedd yn amlwg ei bod hithau yn rhan o'r sefydliad yno yn Bewley. Ar ben ein tennyn bwriwyd ein boliau iddi. Allai hi tybed roi unrhyw arweiniad? Petaem ronyn elwach o hynny, oblegid Pwyles fach hoffus, ond prin eithriadol ei Saesneg, oedd hi! Doedd ganddi'r un syniad yn y byd beth oeddem yn ei ferwi yn ei gylch. A'r unig ymateb a gaed ganddi oedd: "Wait a minute, sir, I'll get the manager for you..."

Buom yn aros yno am chwarter awr da cyn i ryw labwst dwylath, main a phenfoel ddod atom gan holi'n dra ffurfiol: "What does the trouble seem to be, sir?"

A dyna adrodd ein stori eto fyth. Nid ei fod yntau fel petai'n sylweddoli bod unrhyw berfformiad o'r un ddrama wedi digwydd dros yr awr ginio gydol yr wythnos yn ei hen shanti chwaith: "Could you please wait here another minute, sir, while I enquire further into the matter..." oedd ei unig ymateb ond gan estyn cadair yr un inni eistedd arni tra'i fod ef yn cysylltu ag awdurdod uwch arall. Yr un pryd arthiodd orchymyn eitha siort i'r Bwyles ifanc gyrchu gwydriad o ddŵr inni, cynnig gyda llaw a wrthodwyd yn ddirmygus. Gwydriad o blincin dŵr myn coblyn i! Petai wedi cynnig brandi dwbwl fe fyddai'n fater gwahanol!

Aeth chwarter awr hirfaith arall o bletio bodiau heibio tra bod dau grasiad yn codi'n uwch ac yn uwch ac yn nes ac yn nes at ben y caets. Gymaint haws fyddai pethau wedi bod petaem wedi cerdded allan ddeugain munud ynghynt. Fuasai neb wedi medru'n galw i gyfrif, ddyliwn.

A diflannu oddi ar wyneb y greadigaeth wnaeth y penfoel hefyd. Yn ei le 'mhen hir, hir a hwyr gwnaeth stwcyn gwalltog yn arddel catyn o locsyn bwch gafr ei ymddangosiad o'n blaenau. A dyna ninnau ar ein traed gan sythu o'i flaen yn barod i olrhain ei achau: "We've been waiting here for hours..." ac ati.

Torrodd ar ein traws gan foesymgrymu i'w ddyblau wrth ymddiheuro'n llaes am y camweinyddiad oedd wedi digwydd. Gan hynny, ac o dan amgylchiadau mor ddyrys, roedd y *management*, cyhoeddodd, wedi penderfynu nad oeddynt am godi'r un geiniog arnom: "Accept it on the house if you will, sir, with our profoundest apologies."

Roeddem yn meddalu wrth yr eiliad, yn closio'n arw at y gŵr bonheddig. Dyn annwyl wedi'r cwbl oedd y dyn! Dyn clên sobor. A'n tro ninnau oedd hi wedyn i foesymgrymu iddo yntau cyn inni ei sgrialu hi am ein hoedl allan i'r stryd rhag iddo newid ei feddwl! Onid dyna'r fargen orau a gawsom ers tro byd? Cael cinio ysgafn bob un a drama i ddilyn, ynghyd â rhyw fath o ddrama yn sgil honno wedyn? A'r cyfan am ddim.

A doedd gennym yr un diddordeb mewn canfod beth yn union aethai o'i le chwaith. Dichon, o'u rhan hwythau, fod ganddynt ddigon o waith ar eu dwylo heb orfod trafferthu ynghylch rhyw ddau ddiniweityn o Gymry a fynnai garthu eu cydwybodau drwy fod mor benstiff ac am fynnu eu bod yn cael talu am rywbeth y gallent mor rhwydd fod wedi ei osgoi.

Ond fe gofiwn yr ymweliad â theatr Bewley i weld perfformiad o ddrama awr ginio y rhawg. Bu'n brofiad tra afreal, yn un cwbl Wyddelig rywsut. Ac mae un ffaith yn gwbwl sicr yn aros sef os bydd i rywun wrthod tâl unwaith gen i yn gyfnewid am unrhyw beth, neu unrhyw wasanaeth rywbryd eto, na chaiff ar unrhyw gyfrif yr un cynnig eilwaith. Fe fyddai'n llawer gormod o drafferth!

Llythyr gan
gyn-ddisgybl

RWY'N DAL I DAERU y caiff rhywun rhyw ddydd drafferth enbyd yn ceisio cael gwared â'r holl 'nialwch y mae dyn wedi'i gasglu a mynnu'i gadw dros y blynyddoedd. Hen sentiment ffôl wedi hawlio 'mod i'n dal gafael ar bethau pur ddiwerth. Llythyrau fel enghraifft. Mae yma ddau neu dri llond cês sy'n dda i ddim oll yn aros y goelcerth. A minnau'n rhy wan neu'n rhy feddal, galwer y peth a fynner, i wneud undim ynghylch y peth; er nad cyfeirio yr ydw i'n awr at y pedair ffeil drwchus o lythyrau gwŷr a gwragedd enwog y bûm yn eu dygn gasglu dros hir amser ac sy'n haeddu – yn sicr sy'n cael – y parch gyda'r mwyaf dyledus gennyf.

Amser a gofod, o sôn am y cyfryw bethau, a ballai i mi geisio olrhain tarddiad y llythyr yn ôl i gyfnod yr Apostol Paul dyweder nac i ddim namyn cyfeirio wrth fynd heibio at y postman cyntaf, y cyntaf y gwn i amdano beth bynnag, sef yr Epaffroditus hwnnw a gludodd yr epistol a anfonodd Apostol Mawr y Cenhedloedd o garchar at y saint yn eglwys Philipi un tro.

Yr un pryd rwy'n barod iawn i gydnabod y bydda i fy hun yn dueddol o droi fymryn yn biwis unrhyw fore pe digwydd i'r post fynd heibio heb iddo alw yma. Wedi'r cyfan mae hyd yn oed derbyn llythyrau sgrwtsh, neu beth bynnag y'u gelwir, yn well na chael dim un, er bod lle i ofidio bod yr hen grefft o sgrifennu llythyr fel petai ar ddarfod bellach am iddi fynd yn aberth i alwadau'r ffôn symudol, i'r e-byst ac i negesau testun ac ati.

Eithr nid drwg i gyd o bosib fu'r duedd od sydd ynof

i wrthod â chael gwared ar bethau o'r fath. Y mae iddi ei manteision oblegid y dydd o'r blaen fe gydiais mewn llythyr yr oeddwn wedi ei gadw'n ddiogel ers ei dderbyn bron i ddeugain mlynedd yn ôl, un da a difyr odiaeth y cefais bleser hynod o'i ddarllen drachefn, sef gohebiaeth a dderbyniais un tro oddi wrth gyn-ddisgybl hoff.

Nawr, ni pherthyn i mi'r wybodaeth gyfrin pwy yn union sy'n gyfreithiol berchen yr hawl ar unrhyw lythyr unwaith y rhoddir stamp arno a'i bostio. Ai'r llythyrwr o hyd felly, ai'r derbynnydd? Ac os y derbynnydd a oes hawl gan hwnnw wedyn i'w gyhoeddi yn union fel y bwriadaf fi ei wneud yn yr achos hwn? Does gen i ond gobeithio nad af i ddyfroedd rhy ddyfnion o wneud hynny yn arbennig o gofio bod ei awdur gwreiddiol bellach yn dwrnai ac y gallai fy nwyn o flaen fy ngwell am unrhyw amryfusedd. Y llofnod ar waelod yr ohebiaeth yw JB, yr hyn o'i gyfieithu yw John Bryn Williams, Ynys Hir, Morannedd, Cricieth erbyn heddiw.

Un o feibion y Mans oedd Bryn. Roedd ef a'i deulu wedi symud o Gorwen i'r ardal hon pan gafodd ei dad, y Parch. Idan Williams a oedd yn enedigol o Frynsiencyn, alwad i fugeilio gofalaeth Peniel, Tremadog. Golygodd hynny dorri ar addysg ei fab hynaf yn Ysgol y Berwyn, y Bala ple'r oedd newydd gwblhau ei gwrs ar gyfer arholiadau Safon O a bu raid iddo dreulio'r ddwy flynedd yn astudio ar gyfer y Safon Uwch yn Ysgol Eifionydd lle'r oedd wedi dewis Astudiaethau Beiblaidd fel un o'i bynciau. A diau fod y newid hwnnw wedi bod yn ysgytwad diwylliannol go ddifrifol i'r llanc ifanc. Yn y Bala cawsai'r arswydus *femme formidable* Miss Whittington-Hughes i'w roi ar ben ei ffordd ac yn ôl pob sôn yr oedd yn dipyn o ffefryn ganddi. Yn Eifionydd fe'm cafodd innau! A bu raid i'r creadur truan ddygymod â symud o un pegwn eitha i'r llall yn y dull o gael ei hyfforddi. Rwy'n ymatal rhag dyfalu faint o niwed fu hynny iddo. Ond fe lwyddodd i addasu a buan y sylweddolwyd potensial y disgybl newydd.

Hyd yn oed yn llafn yn ei flwyddyn gyntaf yn y chweched dosbarth roedd Bryn yn aml yn berchen llawn cymaint onid weithiau fwy o wybodaeth na'i athro! Nid y mynnodd erioed ymorchestu yn y peth chwaith. Pe gwnaethai gallai ambell hen sefyllfa ddigon chwithig fod wedi datblygu. Ond chefais i ddim disgybl erioed cyn hynny, a chefais i'r un byth wedyn chwaith, a oedd wedi darllen cofiannau nifer o'r hen bregethwyr ac un yr oedd ei wybodaeth am enwad yr Hen Gorff mor rhyfeddol.

Clywsai gan ei dad mae'n debyg am rai o gymeriadau Brynsiencyn mewn cyfnodau a fu. Dyna, fel enghraifft, y patriarch a'r hen lanc o flaenor hwnnw, John Hughes Llyslew. Fo yn ei ddydd oedd brenin y pentref; perchen homar o gorffolaeth yn y fargen a chanddo ben fel tarw, dwylo fel rhawiau a thraed fel cychod, gŵr y tyfodd bob mathau o fythau o'i gwmpas ar gyfrif ei faintioli. Yn wir byddai plant yr ardal yn dal y gwelid traed John Hughes yng nghroeslon Bodlew pan fyddai ar ei ffordd i'r Ysgol Sul ymhell cyn iddo ef ei hun ymddangos! Fe honnai gweision Llyslew wedyn y cysgai o leia hanner dwsin o gathod yn sgidiau eu meistr bob nos a bod yna ddigon o le i bob un ohonynt i strejio'n braf wrth ddeffro bob bore. Fo hefyd a fu'n bennaf cyfrifol am gyflwyno cyfundrefn o arholiadau i'r Ysgol Sul ac o gychwyn cymanfaoedd arbennig i wobrwyo'r ymgeiswyr. Yr un modd, 'yr hen syr' fel y'i gelwid oedd ymhlith y rheng flaenaf o'r rhai a fu'n curo'r twmpathau i ddenu gŵr ifanc o'r enw John Williams, myfyriwr pedair ar bymtheg oed ar ganol ei gwrs yng Ngholeg y Bala, i ddod yn weinidog yno yn 1878. Ac yr oedd y ffeithiau hyn oll a llawer rhagor ar flaenau bysedd y glaslanc dwy ar bymtheg a eisteddai wrth ei ddesg o'm blaen yn Ysgol Eifionydd o ddydd i ddydd. Sylweddolais i erioed cyn hynny y gallai'r fath aeddfedrwydd, y fath ddoethineb a chymaint swmp o wybodaeth orffwyso mor rhwydd ar ysgwyddau mor ifanc.

Ac nid yn annisgwyl, y Doctor John Williams oedd un o'i

arwyr er y sylweddolai cystal â neb fod cymaint o wahanol farnau ynghylch y gŵr hwnnw ag oedd yna o unigolion i'w mynegi. Sylweddolai'n burion fod John Williams yn ei ddydd wedi bod yn euog o gyflawni rhai camgymeriadau go ddifrifol ond bod dynion mawr er hynny yn bownd o wneud camgymeriadau mawr. Roedd wedi darllen cofiant R R Hughes iddo ac wedi pori yn bur helaeth ymhlith ei bregethau.

John Williams, pan dderbyniodd alwad i fugeilio eglwys Prince's Rd, Lerpwl yn 1895, oedd gweinidog eglwys fwyaf y Cyfundeb, yr aelodaeth oddeutu'r mil a'r gynulleidfa a wrandawai arno o'r pulpud o Sul i Sul y gynulleidfa Gymraeg gapelol fwyaf yn yr holl fyd. Ond mewn cyfnod o bedwar ugain mlynedd bu dirywiad mawr yn ansawdd a rhif y gynulleidfa enfawr honno fel y tystiolaethai'r llythyr a dderbyniais innau gan Bryn, y cyn-ddisgybl erbyn hynny, ddechrau Chwefror 1972.

Yn ystod y ddwy flynedd a dreuliaswn yn athro yn un o ysgolion dinas Lerpwl doeddwn i ddim wedi bod ar gyfyl Prince's Rd gymaint ag unwaith. I gapel y Methodistiaid yn Anfield y cyrchwn i er nad oedd hynny, rwy'n ofni, yn rhy aml chwaith gan y byddwn yn orawyddus i ysgwyd llwch y ddinas oddi arnaf dros y mwyafrif o Suliau i allu dychwelyd am fy hoedl yn ôl i Fôn.

A dyna roi her i Bryn: "Pan fyddi di wedi dechra setlo yn y Brifysgol yno..." (canys ar fynd i Lerpwl i astudio'r gyfraith y rhoesai ei fryd) "beth am i ti fynd draw yno ryw fore Sul fel math o ysbïwr i weld sut ma petha yn Prince's Rd heddiw, ac wedi i ti fod yno anfon adroddiad ata i...?"

A dyna'n union a ddigwyddodd a sut y bu iddo gyflawni'r addewid a roed cyn iddo adael yr ysgol; ac y mae'r llythyr hwnnw a dderbyniais oddi wrtho yn un da, gwerth ei ddyfynnu yn ei grynswth dybia i – prun a oes gennyf hawl gyfreithiol ai peidio i wneud hynny. (Ni fentrais ofyn am ei ganiatâd rhag iddo'm gwrthod!)

Fel y gwelir mae wedi ei eirio mewn ieithwedd fwriadol henaidd ac mewn arddull ffurfiol a chwmpasog ar brydiau, gyda rhyw dinc ysgrythurol yn pupro'r cyfan. Hynod glyfar o gofio nad oedd y llythyrwr ond ryw bedair ar bymtheg oed ar y pryd ac ar gychwyn ei ail dymor yn ystod blwyddyn gyntaf ei gwrs addysg prifysgol; er ei fod ym mharagraffau cyntaf ei ohebiaeth yn cofnodi mai cael a chael fu hi iddo fedru cyrraedd Prince's Rd o gwbl canys fe fu ond y dim iddo â chael anffawd a allai fod wedi difetha ei holl gynlluniau ychydig ddyddiau cyn iddo gyrchu yno:

Derby Hall
North Mossley Hill Road
Liverpool 18
Chwefror 7, '72

Annwyl Deulu,

Dyma air byr a chryno i gyflawni addewid. Fe fu ond y dim i'r addewid honno gael ei thorri ac i mi syrthio dan 'flin drais y ddwylath gweryd' cyn ysgrifennu atoch. Na, nid y ffliw ond anffawd. Fe wyddoch mor aml y daw'r cyfryw bethau i'm rhan ar daith bywyd. Dyma'r stori.

Chwi wyddoch hefyd fel y cipiwyd Eleias o ŵydd Eliseus mewn cerbyd tanllyd. Wel, o'r braidd y dihengais innau rhag tynged gyffelyb ar fonet Rover 2000. Pan gychwynnwyd croesi'r stryd, yr oedd hi'n wag hollol (gwyddoch fy mod yn gerddwr araf dychrynllyd) ond cyn i mi gael cyfle i ganu 'mwy sydd eisoes wedi'i dreulio nag sy'n ôl...' dyma'r *said conveyance* (chwedl y Theft Act 1968) yn ymddangos o rywle gan ganu corn yn enbyd. A gofiwch eiriau II Brenhinoedd 9:20? Cofiaf i mi eu hedliw i chi rhyw dro.

Ond yr wyf yn ddigon parod i syrthio ar fy mai canys yr oedd cryn lawer o hwnnw arnaf. A chredaf fod gyrrwr y cerbyd o'r un farn gan iddo arafu ei gar ac agor ei ffenestr i'm melltithio. Fodd bynnag anghofiodd dynnu ei getyn o'i geg ac aeth i brofedigaeth cyn gorffen ohono ei reg gyntaf. Ac erbyn hynny yr oedd mwy o geir wedi gorfod arafu y tu ôl iddo fel y gorfu iddo symud ymlaen cyn gallu dial. Ond os llesteiriwyd huotledd Jehu nid felly blisman cyfagos. Baich a byrdwn ei neges ef oedd ddarfod i mi ymddwyn mewn modd peryglus ac yr aethwn yn agos iawn at y nefolion leoedd.

Ond nid traethu peryglon croesi'r stryd yn Gomorra yw pwrpas y llith hon ond yn hytrach i'ch hysbysu chwi o'm pererindod i Fecca Calfiniaeth ac i mi gyrchu'r llwybrau hyd at deml y Dr Owen Thomas a'r DYN EI HUN.

Chwi wyddoch mai i lwyth Benjamin y perthynaf ar y Sul ond buasai'n fwriad gennyf o'r cychwyn fynd i Prince's Rd rywbryd, a ddoe y bu hynny.

Mae cyfaill sydd â'i drigias yn yr adeilad hwn yn mynychu P Rd fel cloc bob bore Sul. Perthyn i'r llwyth a elwir yn y wlad hon yn fedic; ond diau ei bod yn hysbys i chwi nad Gomeraeg Goronwy Ddu sydd ar wefusau pob un o feibion Gwalia y dwthwn hwn – ond yn hytrach eiddo heniaith Mr Brown, y person.

Fe ddywedodd wrthyf rywbeth fel hyn: "Mae 'na dau math o pobol yn capl 'sti – pobol *morning shift* a pobol *night shift*. Oedd fi wsnos o blaen yn siarad Cymraeg efo dyn ar y stryd, a fo'n deud bod o'n mynd i Prince's Rd a finna 'rioed wedi gweld o o blaen – am ma *night shift* oedd o..."

Tua 25 – 30 oedd yn y gynulleidfa pan fûm i yno. Disgwyliwn lai. Efallai i mi fod ormod o Jeremeia. Ymhen ychydig dyma'r blaenoriaid i mewn, chwech i gyd, tri dyn a thair dynes (Ichabod!) ynghyd â'r pregethwr oedd yn un cynorthwyol. Ichabod eto!

(Ymddengys bod gweinidog yr eglwys wedi gadael yn ddiweddar ac mai llenwi'r bwlch yr oedd yr hen frawd chwarae teg.)

Wel dyma fi wedi bod yng nghnebrwng Prince's Rd meddwn. Ond nid eto chwaith. Mae llyffant sy wedi marw yn dal i gicio am sbel a chredaf pan ddaw tranc yr hen Fecca y deil hithau i gicio am ryw hyd. Cafwyd pregeth dda, credwch neu beidio, gan hen frawd digon gwladaidd. Gwell fyth, cafwyd porthi grymus o'r Sêt Fawr (afraid dweud bod eglwys Heathfield Rd yn llawer rhy barchus i borthi). Na, nid yw Prince's Rd yn barod i'w chladdu eto beth bynnag. Cofiwch fi at Hannah.

Yr eiddoch yn rhwymau addysg,

JB

O.N. Peidiwch da chi â chyhoeddi hwn yn *Y Goleuad* na'r *Faner!*

Ein cath, gyda llaw, oedd yr Hannah y mynnai anfon ei gofion ati. Yr hen ragrithiwr iddo! Roedd twtsh o eironi ynghlwm â'r dymuniad hwnnw canys yr oedd yn gas ganddo gathod. Ni allai mo'u dioddef. Roeddynt yn troi arno ac yntau wedi magu ryw alergedd iddynt a fyddai weithiau'n dueddol o ddod â phwl o'r fygfa iddo yn eu sgil.

Ond beth tybed, clywir ambell un yn holi, fu diwedd disgybl mor ddisglair? Prysuraf i ateb ei bod hi – bobol bach! – yn llawer rhy gynamserol i sôn am 'ddiwedd'!

Yn briod, yn dad i bedwar o blant sydd bellach wedi hedfan y nyth ac yn daid sydd wedi gwirioni ar dri o wyrion, mae heddiw'n ymgodymu o'i swyddfa yn y Port â materion cyfreithiol sych a diawen ac yntau wedi cyrraedd aeddfedrwydd cyfrifol ei ganol oed. Bob yn ail â hynny bydd yn mynnu esgus, waeth pa mor dila y bo, i'w heglu hi am Gaergybi i groesi'r dŵr am Iwerddon. Os oes rhywun mwy gwybodus am y wlad honno fe hoffwn glywed amdano.

Er i mi edliw yn gyson iddo nad galwedigaeth y cyfreithiwr y dylai fod wedi ei dewis chwaith. Nid pawb ohonom, wedi'r cwbl, sydd wedi gallu fforddio i wrthod y cynnig i astudio Hanes yn Rhydychen. Onid yn ddarlithydd mewn coleg rywle y dylai fod, ac yntau'n hanesydd mor eithriadol graff a threiddgar?

Ddwywaith neu dair yn selog bob blwyddyn byddwn ein

dau yn cyrchu ar dripiau diwrnod y bydd ef wedi eu trefnu gyda'r manylder hwnnw sydd mor nodweddiadol ohono.

Byddwn yn rhoi tro o gwmpas mannau o ddiddordeb ym Môn neu ym Meirion, Pen Llŷn neu Benllyn, Ardudwy neu Edeyrnion, ac i lawr i ogledd Maldwyn ambell dro, weithiau hyd yn oed cyn belled â Sir Aberteifi. Daw'r tripiau i Enlli ac i Landdwyn, i Bistyll Rhaeadr neu i ddringo hyd at gastell Dinas Brân, i Abaty Cwm Hir neu i gerdded y llwybrau ar stad yr Hafod yng Nghwmystwyth i glywed am droeon gyrfa gythryblus Thomas Johnes a'i hiraeth dwys o golli ei unig ferch, Mariamne, y cyfan yn arbennig i'r cof. A fedren ni ddim chwaith, er cymaint y'i dymunem, anghofio fel y bu ond y dim inni'n dau ag etifeddu dyfrllyd fedd wrth bysgota mecryll oddi ar arfordir Abersoch un min hwyr, er mai ar gychwr anghyfrifol a honnai ei fod yn hynod brofiadol yn y busnes – un yr ydwyf yn ddigon grasol i beidio â'i enwi ac un y buom mor ffôl ag ymddiried ein bywydau i'w ofal – yr oedd y bai am hynny!

Eithr ar gyrchoedd diddorol o'u bath byddaf yn gallu eistedd yn ôl i gyfranogi o ddysg ac o wybodaeth ddihysbydd bron yr arweinydd am gysylltiadau llenyddol, hanesyddol neu grefyddol y broydd y byddwn yn ymweld â nhw. Myfi y disgybl, yntau yr athro, yr esgid bellach ar y droed arall a'r wialen wedi troi yn ffon wrth iddo lenwi bylchau digon sylweddol yn fy ngwybodaeth i druan.

Eithriadau prin hefyd ar y gwibdeithiau difyr hynny yw'r troeon na fydd y naill neu'r llall, neu'r ddau ohonom, yn mynnu llusgo John Williams, Brynsiencyn i ryw ran o'n trafod. Onid ydym ein dau erbyn hyn yn aelodau o frid prin sy'n mynd yn brinnach a dau, er gwaethaf popeth, ac er ennyn gwg cynifer, sy'n barod yn gwbl benstiff i ddal ati i geisio achub cam y gwron hwnnw?

Rwy'n dal i daeru yr un pryd fod y llythyr a dderbyniwyd oddi wrth y cyn-ddisgybl yn cofnodi ei brofiad o gyrchu i oedfa yn Prince's Rd yn Chwefror 1972 wedi bod yn werth ei gadw a'i drysori yr holl flynyddoedd hyn. Diau y caf gerydd ganddo am gyhoeddi ei lythyr yn y casgliad hwn. Ond byddaf yn barod gyda'm hateb. Wedi'r cwbl y gorchymyn a gefais oedd am i mi beidio â'i anfon i'w gyhoeddi yn *Y Goleuad* na'r *Faner!* Ac ni wneuthum mo hynny. Ni ddywedodd na chawn ei gyhoeddi rywle arall!

Ond i ddychwelyd at Prince's Rd. Pe bai wedi mynd yno rai blynyddoedd yn ddiweddarach y tebyg yw y byddai ganddo stori dra gwahanol i'w thraethu sef hanes ei brofiad yn mynychu gwasanaeth o addoliad sect grefyddol dra, dra gwahanol i eiddo'r Methodistiaid Calfinaidd – sy'n peri i rywun holi mewn sobrwydd mawr i ble'r aeth y gynulleidfa gapelol Gymraeg fwyaf yn yr holl fyd?

Ar Galan Mai

Roedd hi'n ddydd o lawen chwedl, yn uchel ŵyl am ei bod yn Galan Mai, a ninnau'n digwydd bod yn Llydaw. Ni fu gwanwyn â chymaint gloddest o liwiau, y coed wedi gwallgofi'n ddeiliog, yr haul cynnar yn tywynnu, yr adar yn pyncio o'i hochor hi a'r tonnau llipa yn llyfu tywod melyn traeth Bénodet. Yn gyfeiliant i'r cyfan roedd niferoedd o blant yn heidio'n wyllt o amgylch y lle â llond eu hafflau o lili'r dyffrynnoedd ac yn eu hwrjio am un ewro y sbrigyn i unrhyw un y medrent gael gafael arno.

Ni'n harbedwyd ninnau. Fe'n taclwyd gan eneth fach wengar na allai'r galon galetaf lai nag ildio i'w pherswâd er y bu raid inni'n gyntaf fynnu holi ynghylch tarddiad y ddefod. O drugaredd roedd ei thipyn Saesneg hi yn rhagori ar ein Ffrangeg pur fratiog ni a rhyngddom llwyddwyd i gael ar ddeall mai cynnal hen draddodiad oedd y bwriad o ddathlu terfyn gaeaf a fu'n un mor hir am fod yr hin wedi tyneru ac i roi mynegiant mewn llawenydd i'r gobaith fod haf hirfelyn ar y trothwy.

Ond pwy tybed, holwyd ymhellach, a fyddai'n elwa o'r gwerthiant? Gwenu'n swil, hwyrach yn lled euog, a wnaeth hi wrth ollwng yr ewro i'r bocs casglu a chan ddiolch yn llaes amdano cyn symud ymlaen i geisio bwrw'i hud ar y cwsmer nesaf. Nid bod yr un hawl gan rywun fel fi, a fu'n gymaint o giamblar ym Môn 'stalwm am glapio wyau Pasg, weld rhithyn o fai arni. Onid oedd llawer yn gyffredin rhwng y ddau draddodiad prun bynnag? Dim ond ei bod hi o leiaf yn cynnig rhywbeth yn gyfnewid am ei thrafferth. Gellid dadlau'n eithaf rhesymol mai math o fegera agored oedd mynd o dŷ i dŷ yn hawlio wy fel sumbol o atgyfodiad newydd. Eithr erbyn canol y bore hwnnw mae'n eithaf tebyg fod y torchau lili wedi eu dihysbyddu, y bocsys casglu hyd at yr ymylon a'r plantos ar eu ffordd tua thre yn eithaf bodlon eu byd. Bu'r sbrigyn a bwrcaswyd gennym ninnau yn gorwedd heb golli fawr o'i ireidd-dra ar sil ffenest ôl ein cerbyd am dridiau.

Erbyn dau o'r gloch y prynhawn hwnnw o Galan Mai 2009 fodd bynnag roeddem yn stablu'r union fodur ar faes parcio'r Manoir de Kernault ym Mellac nid nepell o dref Kemperle. Roedd rhywun wedi rhoi ar ddeall inni rywle yn ystod y dyddiau hynny fod arddangosfa yn cael ei chynnal yn y maenordy hwnnw a ddylai fod o ddiddordeb i ni Gymry. Arddangosfa oedd hi yn amlinellu taith a wnaed i Gymru ym mis Hydref 1838 dan arweiniad Llydawr ifanc o'r enw Théodore Hersart de la Villemarqué yn rhinwedd ei swydd fel cennad llenyddol llywodraeth Ffrainc i lunio adroddiad ar lawysgrifau Cymreig a allai fod o ddiddordeb i Lydaw.

Yn gyfnewid am bedwar ewro nid yn unig caem hamddena faint fyd fynnem yn yr arddangosfa ond hefyd dragwyddol ryddid i sbecian drwy bron bob twll a chornel o'r maenordy, ei gapel, ei sguboriau, ei stablau, y cyfan o'i amrywiol adeiladau ac i gerdded yn ddirwystr hyd y lawntiau ynghyd ag aceri o diroedd o'i amgylch. Er nad oedd y gerddi yn rhai y byddid yn ysgrifennu adre yn eu cylch chwaith nac yn rhai od o liwgar. Prin y gwelsom yr un blodyn yn tyfu'n agos i'r lle, dim namyn glaswellt nad oedd wedi ei gropio'n ordaclus bob gafael felly.

Wrth gyflwyno'r tâl ger y fynedfa fe'n cyfarchwyd yn hynod wresog gan y wraig a ddosbarthai'r tocynnau. Gan ei fod yn gyfnod lled dawel heb lawer mwy na ni wedi cyrraedd erbyn yr agoriad am ddau o'r gloch roedd ganddi ddigon o amser i dynnu sgwrs â ni. Fe'n cyfarchodd mewn Saesneg gan egluro bod nodiadau pwrpasol ar gael a roddai arweiniad i ymwelwyr wrth fynd o amgylch yr arddangosfa.

"Beth fyddai eich dewis," holodd, "ai rhai mewn Ffrangeg, Saesneg, y Llydaweg ai rhai yn y Gymraeg?"

Beth? Allen ni ddim credu'n clustiau! O'r gorau, fe

sylweddolem mai olrhain taith gŵr ifanc o Lydaw ar ymweliad
â'i gefndryd Celtaidd oedd bwriad yr holl beth ond o gofio
am sawl arddangosfa y buom ynddi yng Nghymru pan gaed
y nodiadau arweiniol ym mhob iaith ond y Gymraeg prin y
disgwyliem y fath rwyddineb ar dir mwy estronol. A dyna
sicrhau o'r cychwyn ein bod yn mynd i mewn iddi mewn
hwyliau eithriadol o dda.

Gŵr ifanc wedi ei eni yn freiniol o linach uchelwyr o ardal
Kemperle oedd La Villemarqué a bu'r profiadau a gafodd yn
ôl pob tebyg yn agoriad llygad iddo. Bu'r daith o'i gartref yn
un hir a blin, yn un a ymddangosai yn ddiddiwedd wrth iddo
orfod tramwyo ar hyd ffyrdd anhygyrch ac anghyfarwydd.
A doedd yr un o longau moethus cludo ymwelwyr Brittany
Ferries sydd wrth wasanaeth teithwyr heddiw ddim ar gael
iddo ef pan gyrhaeddodd Saint-Malo i groesi i Southampton.
Ond ar waethaf pob anghysur croesi fu raid.

Erbyn dechrau'r bedwaredd ganrif ar bymtheg yr oedd
chwilfrydedd pobl yng ngwareiddiad y Celtiaid wedi ei ennyn
i raddau nas gwelwyd ei debyg o'r blaen a'r Celtwallgofiaid
(y Celtomaniacs!) yn gwneud a allent i fynd ar drywydd y
gorffennol coll hwnnw, yn gwneud ati i ddarganfod a chwilio
am feini a chromlechi ac adfeilion, unrhyw beth oedd yn
gynnyrch creadigol y Celt; ac yr oedd La Villemarqué ymhlith
y rheng flaenaf a mwyaf brwd o'r Celtwallgofiaid hynny ac
ar dân i wireddu breuddwyd o gael ymweld â'i frodyr yng
Nghymru ac i gwrdd â rhai o gyffelyb anian ag ef ei hun.

Ar ei ffordd i Gymru, fodd bynnag, mynnodd gyrchu
i weld rhai o gysegrfannau sanctaidd eraill ei gyndeidiau
Celtaidd, mannau fel Côr y Cewri ar wastatiroedd noethlwm
Caersallog ynghyd ag Ynys Wydrin, pencadlys honedig y
derwyddon, safle hefyd a uniaethwyd ag Ynys Afallon a'r fan
(un o'r mannau!) lle'r honnwyd oedd yn gladdfan y Brenin
Arthur. Ond ar derfyn y rhan honno o'i daith hir anfonodd un
o blith nifer o'i lythyrau at ei deulu gartre:

"Dyma ni," tystiodd, "o'r diwedd ar fin cyrraedd. Croeswyd

afon Hafren y bore hwn gan osod ein traed ar ddaear Cymru am y tro cyntaf. Fy nhad annwyl, am wlad hyfryd..."

Dim ond ychydig ddyddiau o deithio oedd o'i flaen wedyn cyn y gwelwyd o'n tramwyo yn dalog i lawr y dreif a arweiniai at blasty Llanofer i gael ei groesawu'n frwd gan y diwydiannwr cyfoethog Benjamin Hall a'i wraig Augusta Waddington. Tra bod ei gŵr yn arolygu'r gwaith o roi'r gloch enfawr, oedd yn pwyso dros dair tunnell ar ddeg, yn ei lle yn nhŵr cloc Tŷ'r Cyffredin roedd hi, Arglwyddes Llanofer, yn brysur gyfiawnhau ei henw barddol Gwenynen Gwent drwy noddi'r iaith a'r diwylliant gwerin Cymreig. Fe ddiogelodd lawysgrifau Iolo Morganwg, rhoddodd nodded ariannol i Jane Williams, Aberpergwm i gyhoeddi cyfrol o alawon Cymreig ac fe fu'n gyfrifol am sicrhau bod *Y Gymraes*, y cylchgrawn cyntaf erioed i ferched Cymru, yn cael ei gyhoeddi o 1850 ymlaen. Hwyrach mai lled wantan oedd ei meistrolaeth o'r iaith ond yr oedd wedi trefnu ei chartref yn ôl yr hyn a dybiai hi oedd yn ddulliau traddodiadol. Argymhellai wisgo'r wisg Gymreig ac fe ymhoffai mewn dawns a cherddoriaeth, yn arbennig y delyn deires, yr offeryn cenedlaethol. Gyda'i gŵr hefyd fe sefydlodd eglwys yn Aber-carn ar y ddealltwriaeth y cynhelid y gwasanaethau yno yn y Gymraeg ond pan fynnodd Esgob Llandaf fynd yn groes i'r cytundeb hwnnw fe drosglwyddwyd yr achos i ofal yr Hen Gorff! Ac ynddi hi fe gafodd La Villemarqué rywun wrth fodd ei galon i fod yn ei chwmni, i elwa o'i gwybodaeth ac i dderbyn hyfforddiant wrth ei thraed.

O dan ddylanwad Carnhuanawc fe ddaethai Augusta yn aelod cynnar o Gymreigyddion y Fenni ac fe estynnodd Carnhuanawc wahoddiad i'r Llydawr ifanc i Eisteddfod y Cymreigyddion yno. Fe groesawyd y ddirprwyaeth Lydewig yn frwd i'r llwyfan ac yn gyfnewid am y croeso fe gyflwynodd yntau i'r Cymreigyddion lwncdestun ar ffurf cerdd o waith Alphonse de Lamartine; yna mewn araith huawdl tanlinellodd y pwysigrwydd o feithrin perthynas o frawdgarwch rhwng

Cymru a Llydaw. Yn ystod yr un ŵyl hefyd fe'i hurddwyd yn fardd a oedd i'w adnabod o hynny ymlaen fel Bardd Nizon. Yr un pryd cyflwynwyd iddo ffiol neu fâs o wneuthuriad cain yn fomento o'r achlysur, crair a fyddai'n etifeddu safle o anrhydedd yn arddangosfa Manoir de Kernault ganrif a hanner a rhagor yn ddiweddarach. A phan ddychwelodd gartref fe geisiodd sefydlu cynulliad i feirdd Llydewig ar y patrwm a welsai yng Nghymru er mai ei gyfyngu ei hun i'r gorchwyl o fedyddio unigolion ag enwau barddol yn unig a wnaeth Breuriez Barzed Breiz sef Brawdoliaeth Beirdd Llydaw. Bu raid aros tan oddeutu 1900 cyn y sefydlwyd gorsedd Llydaw y gwelir cynrychiolaeth ohoni yn derbyn croeso ar lwyfan y Genedlaethol yng Nghymru bob mis Awst.

O Lanofer a'r Fenni arweiniodd y daith ef i Gastell Merthyr lle derbyniodd letygarwch hael y fonesig Charlotte Guest. Yn Saesnes o Swydd Lincoln a merch i nawfed iarll Lindsey roedd hi wedi priodi yn 1835 â Syr Josiah John Guest, un o'r cyfalafwyr mawr a oedd wedi ei ddenu gan gyfoeth daear Cymru ac yn berchen ar weithfeydd haearn Dowlais. Ond er mai benyw estron oedd hithau, yn gymwys fel Arglwyddes Llanofer – ac y mae fymryn yn chwithig cofio mai dwy Saesnes o dras a fu'n gyfrifol am roi arweiniad iddo – roedd ganddi hithau ddiddordeb heintus yn llên a thraddodiadau Cymru. Yn wir pan ymwelodd La Villemarqué â hi roedd hi a'i chynorthwywyr wrthi'n brysur yn ymhél â'r dasg o gyfieithu'r *Mabinogion* i'r Saesneg. Dim ond tair blynedd oedd rhwng y ddau o ran oedran a chan fod y Llydawr a hithau ar yr un donfedd megis bu'r ymweliad yn fanteisiol iawn iddo. Trueni er hynny i'w perthynas oeri rhyw gymaint yn ddiweddarach am ei fod ef wedi ceisio achub y blaen arni hi drwy ruthro i gyhoeddi cyfieithiad i'r Ffrangeg o *Peredur* a oedd yn seiliedig ar yr un Saesneg o'i heiddo hi a welwyd ganddo pan fu'n aros o dan ei chronglwyd. Er nad oedd undim yn yr arddangosfa yn cyfeirio at y busnes shiabi hwnnw chwaith. A chyn gadael cafodd gyfle i gael cip ar ffwrneisi tân Dowlais, profiad a fu'n agoriad llygad iddo ganfod o dan ba amodau caled yr oedd y gweithwyr cyffredin yng Nghymru yn gorfod llafurio.

Dim ond cyn belled â Chastell Singleton y teithiodd ymhellach i'r gorllewin oblegid daethai'n amser iddo droi'n ôl am ei bod yn fwriad ganddo i fanteisio ar y cyfle i edrych ar rai o'r hen lawysgrifau yn ymwneud â Chymru a gedwid yn Rhydychen. Byddai Paris yn ogystal yn denu cyn y dychwelai gartre.

Ymhen blwyddyn wedi iddo ddychwelyd fe gyhoeddodd La Villemarqué *Barzaz-Breiz* a oedd yn ffrwyth peth o'i ymchwil i dras llenyddiaeth y Celtiaid, cyfrol yn ôl pob tebyg a dderbyniodd groeso brwdfrydig gan feirniaid a gwaith a fyddai maes o law yn esgor ar ddisgyblaeth newydd gâi ei bedyddio'n astudiaeth llên gwerin gan ei ddyrchafu yntau yr un pryd yn arloeswr yn natblygiad astudiaeth llenyddiaeth lafar yn Ewrop. Is-deitl y gwaith oedd *Chants populaires de la Bretagne* am ei fod yn cynnwys casgliad o ganeuon gwerin Llydaw, y cyfan wedi eu dosbarthu yn ôl amrywiol themâu, nifer ohonynt wedi eu hachub rhag difancoll a'r oll wedi eu seilio ar ymholiadau eang ymysg y werin yn y rhan honno o'r rhanbarth. Ar y pryd doedd eu hawdur ddim ond tair ar hugain oed ac yng nghwrs y blynyddoedd fe gyhoeddwyd nifer o argraffiadau o'r gyfrol a'i chyfieithu i nifer o ieithoedd gan ddod â chryn enwogrwydd iddo ef fel unigolyn ynghyd â bri i ddiwylliant Llydaw yng ngolwg cylchoedd llawer ehangach o ddarllenwyr.

Dyna ninnau o'r diwedd yn dod i adran ola'r arddangosfa lle'r oedd amrywiol drugareddau – posteri, lluniau, modelau a nodiadau – yr oll yn canolbwyntio ar Gymru 2009. Câi sefydlu'r Cynulliad fel enghraifft sylw mawr, yr Eisteddfod Genedlaethol hithau, a pha Gymro gwerth ei halen ar ymweliad â'r Manoir de Kernault y prynhawn hwnnw na theimlai'n hollol gartrefol o edrych ar lun hynod liwgar o'r Archdderwydd Dic yr Hendre yn cadeirio Hilma Lloyd Edwards ym mhrifwyl Caerdydd y flwyddyn flaenorol?

Rhwng popeth yr oedd pererindod Théodore Hersart de la Villemarqué wedi cymryd chwe mis i'w gwblhau. Mor ddifyr i ninnau o grwydro o un ystafell i'r llall yn yr arddangosfa y prynhawn cyntaf hwnnw o Fai 2009 fu ei ddilyn ar ei daith – o Kemperle i Saint-Malo, ar draws y sianel i Southampton, i Gôr y Cewri ac Ynys Wydrin, i Lanofer ac Eisteddfod y Fenni, i Gastell Merthyr a ffwrneisi Dowlais nes cyrraedd ohono Abertawe. A hyfryd ym mhob adran ohoni oedd sylwi ar y blychau yn cynnwys bob mathau o arteffactau a roddai gyfle i blant hwythau gael profiad uniongyrchol – *hands on* fel y dywedir – o rai digwyddiadau. Er mai'r duedd yn ein hwyres fach ni nad oedd ond croten ugeinmis oedd ceisio bachu rhai ohonynt gan fynnu mynd â hwy gartre i'w chanlyn a hynny ar waetha perswâd taer ei rhieni a geisiai ei hargyhoeddi nad oedd hynny yn bosib!

Ond yn sicr damwain ffodus fu hi, er na alla i yn fy myw gofio sut y digwyddodd chwaith na fel y bu inni ddod i wybod am y wledd annisgwyl honno oedd yn ein haros mewn maenordy anghysbell yng ngorllewin Llydaw ar Galan Mai 2009. A does gen i ond gobeithio, o gofio iddi gael ei chynnal am chwe mis, o Ebrill hyd at Dachwedd, bod llawer mwy o'n cyd-Gymry wedi manteisio ar y cyfle i gyrchu yno ac iddynt gael yr un pleser ag a gawsom ni o fynd o gwmpas i'w mwynhau.

'Ei farf yn llaes a'i wallt yn wyn'

MEWN FFAIR HEN GREIRIAU yng Nghaerfyrddin yr oeddem ni a hithau'n ganol haf – pobl wedi ymffurfio'n gynffon hir o giw eiddgar wrth aros am fynediad am ddeg o'r gloch y bore tra bod cymaint â chant a phedwar ugain o stondinau wedi eu hulio'n barod i ddarparu gwleddoedd y gellid yn rhesymol dybio a fyddai'n diwallu awch unrhyw gasglwr beth bynnag ei chwaeth. Yn wir, afrifed y trugareddau nes gyrru dyn bron yn benwan.

Ond roedd yr amser wrth law gennym yn digwydd bod yn lled brin y diwrnod hwnnw fel nad oedd cwta ddwyawr ddim chwarter digon i wneud unrhyw gyfiawnder ag arlwy mor ardderchog amrywiol. Y diwedd fu cael ein gwthio i gornel braidd, ein gorfodi i lunio rhestr fer, fer o ddim ond dwy eitem yn unig a aethai â'n ffansi cyn gorfod wynebu'r gorchwyl anodd wedyn o ddewis rhyngddynt.

Ornament lled fychan ei faintioli oedd y cyntaf – dwy hen wraig wedi gosod y bwrdd te ar gyfer i'r gweinidog alw ar un o'i ymweliadau bugeiliol siŵr o fod, a chyda'r geiriau ar ei waelod 'Tea with the Rev. John Jones' neu rywbeth i'r perwyl.

Nawr, allen ni ddim, ar y pryd beth bynnag, feddwl am yr un Parchedig John Jones ac eithrio'r pregethwr enwog a hyglod o Dal-y-sarn gynt, a dyna pam siŵr gen i yr oedd y darn tegan hwnnw wedi mynd â'n bryd i ddechrau cychwyn. Cystal cydnabod er hynny nad oedd o hwyrach ddim o wneuthuriad od o gain a chrefftus. Ar un wedd doedd undim anghyffredin yn ei gylch, ond eto roedd rhywbeth o'i gwmpas yn ein denu.

Am ei fod yn grair nodweddiadol Gymreig tybed? O leia doedd dim label 'Made in China' neu 'Made in Hong Kong' ar ei ben-ôl beth bynnag. Cofrodd ddigon rhad yn ei dydd mae'n ddiamau ond un y gallai rhai o blith edmygwyr y pregethwr mawr – a doedd dim prinder o blith y rheini – ei harddel gyda balchder a'i harddangos mewn safle o anrhydedd ar y ddresel neu'r cwpwrdd gwydr yn y parlwr gorau. Dim mymryn mwy o werth na ryw swlltyn neu ddeunaw yn ei dydd o bosib ond ei bod erbyn y bore hwnnw yng Nghaerfyrddin wedi cynyddu'n enbyd yn ei phris, yn cael ei chynnig yn rhad (fe haerwyd) am ddeugain punt namyn un.

Buom yn cloffi'n hir uwch ben yr ornament. Gellid ei osod efallai i orffwyso yn y stydi ar gofiant Owen Thomas i'r gŵr parchedig. Roedd y gyfrol honno gen i yn y tŷ acw rywle er 'mod i'n cywilyddio wrth gyfadde nad oeddwn i erioed wedi eistedd i lawr i ddarllen y clasur hwnnw chwaith. Dyna'r cofiant gorau a ysgrifennwyd yn y Gymraeg ym marn ambell un, campwaith cwbl hanfodol i unrhyw un sydd am wybod unrhyw beth am hanes crefyddol Cymru yn y bedwaredd ganrif ar bymtheg. Gwridais mewn euogrwydd o gofio bod rhywun wedi haeru unwaith na ellid ystyried yr un Cymro yn berson crwn a chwbl ddiwylliedig onid oedd wedi darllen cofiant y Dr Owen Thomas (taid Saunders Lewis fel y cofir) i John Jones, Tal-y-sarn. Y diwedd fu penderfynu ei osod yn ôl ar y silff, nid am ein bod o angenrheidrwydd yn tybio ei fod yn rhy ddrud, ond rhag iddo, o'i brynu, godi cywilydd ar ddyn bob tro yr edrychwn arno!

Fe syrthiodd ein coelbren yn hytrach o blaid print mewn ffrâm oreuriedig a oedd yn gynnyrch saith degau'r bedwaredd ganrif ar bymtheg. Llun mewn du a gwyn (o waith E C Mountford) o ben ac ysgwyddau gŵr eitha llym ei wedd, un yr oedd ei farf yn llaes a'i wallt, onid yn gwbl wyn, wedi britho'n bur arw. Yn wir y math o farf ardderchog, o ystyried ei maint a'i thrwch, y gellid yn rhwydd ei galw'n fam yr holl farfau. A phetai'n gwisgo cap byddai'n edrych 'run ffunud â'r arwr chwedlonol hwnnw W G Grace.

A'i pherchennog – perchen y farf felly? Neb llai na'r gŵr a aned ar 2 Mawrth 1822 yn Nhŷ'r Hen Gapel, Llanuwchllyn. Un a fu'n brifathro Coleg Annibynnol y Bala cyn i'r ffrae golegol enwog honno ei yrru i sefydlu Coleg Bala-Bangor, eithr yn bennaf yr un a chwaraeodd ran gyda'r fwyaf blaenllaw i sefydlu'r Wladfa ym Mhatagonia ac sy'n cael ei ystyried bellach yn dad cenedlaetholdeb Cymreig; yn wir, yn ôl Gwenallt, y cenedlaetholwr mwyaf ers dyddiau Owain Glyndŵr. Bonws ychwanegol wedyn o'm safbwynt i'n bersonol fel casglwr y cyfryw bethau oedd fod yr union ŵr hwnnw wedi torri ei lofnod ar y gwaelod –

Yr eiddoch yn wladgar,

Michael D. Jones

Ond yr oedd un peth yn peri dryswch. Doeddwn i ddim y bore hwnnw – a dydw i ddim eto chwaith – yn ddigon o arbenigwr i allu penderfynu ai wedi ei atgynhyrchu fel rhan o'r print yr oedd y llofnod ai un gwreiddiol sef cyfarchiad a ychwanegwyd ar waelod y llun ar gais ryw edmygydd rywbryd cyn i'r cyfan wedyn gael ei osod oddi mewn i derfynau'r ffrâm. Roedd y gwerthwr yng Nghaerfyrddin yn bur bendant o'r farn fod y llofnod yn wreiddiol ac yn ddilys a bod hynny yn ychwanegu'n sylweddol at werth y print, er y basa fo debyg yn pregethu'r efengyl honno. Wedi'r cwbl roedd arno ef eisiau'r sêl i'w gadw mewn bywoliaeth a gwaith, heb ofni'r un botwm corn am unrhyw gosb a ddelai yn sgil fy nghamarwain. Digon iddo ef oedd y wobr o fedru clensio bargen. Ac fe ildiais innau i'w berswâd.

Ond mae angen mwy o sicrwydd arna i canys yn niffyg gweledigaeth fwy pendant ac arweiniad mwy sicr mae hen amheuon yn aros yn ei gylch canys ni chafwyd hyd yma neb i fwrw goleuni terfynol ar y mater. Y mae'n eitha tebyg bod niferoedd o gopïau mewn cylchrediad yn eu dydd a'u bod wedi hongian ar barwydydd parlyrau ledled yr henwlad ac o bosib ym Mhatagonia yr un pryd. Yn wir, beth amser wedyn digwyddwn fod yn gwylio rhaglen ddifyr a gyflwynwyd ar ein sianel yn dilyn hynt a helynt Cwmni Drama Llwyndyrys ar ei daith i'r Wladfa. Roedd Gwilym Griffiths, y cynhyrchydd – un o gyn-enillwyr tra haeddiannol Medal Syr T H Parry-Williams, gyda llaw – yn rhoi ei sylwadau yn dilyn perfformiad a roddwyd gan y Cwmni yn un o'r capeli yno o ddrama Wil Sam, *Y Dalar Deg*. Ac ar fy ngwir, beth welwn i'n hongian ar un o'r muriau y tu ôl iddo ond copi o'r union lun yr oeddwn innau'n digwydd bod yn berchen arno. Gwaetha'r modd siot gyflym oedd hi, rhy gyflym a'r llun yn rhy bell yn y cefndir i rywun allu canfod a oedd 'Yr eiddoch yn wladgar' ac ati wedi ei dorri ar ei waelod. A doeddwn innau felly 'run gronyn nes i'r lan.

Eithr o dderbyn sicrwydd mai ychwanegiad diweddarach yn llaw'r dyn ei hun yw'r cyfarchiad, yn hytrach na rhan o'r llungopi, ni fyddai gen innau wedyn yr un achos dros amau gonestrwydd a geirwiredd y gwerthwr ystumddrwg a fu mor ymddangosiadol glên yn hwrjio'r pryniant arna i yng Nghaerfyrddin y diwrnod hwnnw. Yr un pryd, ac yn bwysicach fyth, fe fyddai heddiw gryn dipyn mwy o werth.

Yn y cyfamser rhaid bodloni ar weld Michael D Jones farfog, y gwladgarwr mawr, yn rhythu arna i oddi ar un o'r muriau yn y tŷ acw. Bron na ddywedwn ei fod ar brydiau yn tueddu i godi peth arswyd arna i gan mor benderfynol a herfeiddiol fygythiol yw ei drem. Ond onid un felly yn ôl pob sôn oedd o, yr ymresymwr cadarn a allai'n aml fod mor finiog ei watwareg, un a fynnai gael y maen i'r wal unwaith y rhoddai ei feddwl ar unrhyw beth? Yn wir roedd y nodwedd honno wedi ei hamlygu ynddo hyd yn oed yn ei ddyddiau caru. Onid oedd o, ar waetha pob rhwystr, wedi dangos grym ewyllys enfawr i ennill llaw y ferch y rhoddasai ei fryd arni drwy ei bombardio'n ddyddiol â'i lythyrau fel na allai dim oll atal ei benderfyniad? A chymryd wrth reswm y byddai hi yn cydsynio yn y diwedd! Ac fe wnaeth.

Er 'mod i'n dal i daeru mai'r hyn sy'n dal i 'mhoeni i yw a gefais i fargen ai peidio! Nid na fyddaf yn ystyried weithiau cofier y byddai wedi bod yn ddoethach tawn i wedi buddsoddi yn y 'Tea with the Rev. John Jones'. Siawns na fyddai hynny wedi pigo digon ar fy nghydwybod o'r diwedd i ddarllen cofiant Owen Thomas i'r patriarch hwnnw. O ymlafnio am rai blynyddoedd i wneuthur hynny byddwn wedi cael y pleser amheus o lwyr ymgyfarwyddo â'r dadleuon diwinyddol a fu yng Nghymru rhwng 1707 ac 1841 a hefyd â nodweddion pregethu y Methodistiaid Calfinaidd dros yr un cyfnod! A hwyrach, pwy a ŵyr, na fyddwn i wedyn o leia un cam yn nes at gael fy nerbyn mewn rhai cylchoedd siléct fel gŵr gwirioneddol ddiwylliedig, un y lledwyd ei orwelion yn sylweddol!

Eto i gyd, yr wy'n sicr na warafunir i mi olaf ble yn y mater hwn, i holi os oes unrhyw un rywle allan fan acw â gwybodaeth bellach am y llun hwnnw o Michael D Jones a fyddai cystal tybed â chysylltu â mi. Fe fyddwn yn fwy na balch o glywed oddi wrtho.

Yr eiddoch yn wladgar

Trallodion y Glun Bren

RHIFYN O'R *CASGLWR* OEDD wedi cyrraedd a minnau wedi bod yn pori ymhlith y rhestrau hirfaith o lyfrau ail-law ar werth. Nid 'mod i'n gasglwr llyfrau fel y cyfryw chwaith, ac i fod yn gwbl onest doedd fawr ddim wedi mynd â'm ffansi prun bynnag. Dim nes i'm llygaid daro ar deitl lled lafurus *Hynodion Hen Bregethwyr Cymru gydag Hanesion Difyrus Amdanynt.* Sut fath o beth fyddai'r gyfrol honno tybed, meddyliais? O ran chwilfrydedd mwy na dim arall dyna benderfynu anfon amdani. Wnawn i ddim torri ar bumpunt.

Pan ddaeth roedd hi'n gyfrol swmpus yn ymledu'n eithaf agos i dros bedwar cant o dudalennau o brint digon mân a gofnodai o leiaf wyth cant o droeon trwstan a jôcs rhai o'r hen bregethwyr. Nid bod y rheini, a dweud y lleiaf, yn ôl safonau hyn o fyd yn rhai i'ch gyrru o dan y bwrdd mewn hyrddiau aflywodraethus o chwerthin chwaith.

Hoffais, er hynny, sylwadau casglwr y storïau mewn pwt o ragair. Wedi iddo amlinellu rhai o'i amcanion dros ymgymryd â'r gorchwyl o gasglu ynghyd yr hanesion am droeon ysmala ynghyd â dywediadau miniog rhai o'r hen bregethwyr mae'n mynd rhagddo i ymresymu fel a ganlyn:

> Nid ydym yn cymryd arnom fod y llyfr hwn yn fwyd cryf ond y mae yn fwyd iach ac ysgafn. Gwarantwn na chaiff neb niwaid wrth ei fwyta; ond i'r gwrthwyneb, mentrwn ddweyd fod yma fwy o wir athroniaeth a synwyr cyffredin cryf nag a geir mewn llawer llyfr heb ddim ond ei sychder a'i ddiflasder i gynal ei honiad fel llyfr dwfn ac athronyddol.

Clywch, clywch! Addawol dros ben mynte finna yn barod i amenio'n frwd wrth g'nesu at y gyfrol yn syth. Ac yn sicr ni chaed yr un diffyg traul o'i darllen chwaith er mai pethau digon diniwed yw mwyafrif yr hanesion.

Dafydd Rhys Stephens, Ffynnon Henry fel enghraifft, yn dadlau dros y Genhadaeth Dramor yn rhywle mewn oedfa Sul ac yn ymbil yn daer ar ran y bobl dduon. Ar eu ffordd o'r capel mentrodd blaenor o ffarmwr ofyn iddo:

"Pam deudwch, Mistar Stephens, y mae rhai pobol yn wyn ac eraill yn dduon?"

"Y cleimet sy'n gyfrifol wchi..." dadleuodd yntau'n dra gwybodus.

A'r brawd o flaenor yn ateb,

"Dyna beth od, mae gen i ddefaid gwynion a duon yn pori yn y cae fan 'cw a'r un yw'r cleimet i bob un wyddoch."

Gwraig y Parch. Roger Humphreys, Dyffryn wedyn yn edliw i'w gŵr ei fod wedi rhwygo ei drowsus a bod golwg hynod flêr arno; a dyna hi'n ddomestig yn y fan a'r lle wrth iddo yntau'n bur snoti ei hateb wedi ffromi'n aruthr:

"Mae'n syndod nad yw mewn gwaeth cyflwr o lawer o gofio bod dau ohonom hyd y fan yma'n ei wisgo."

Lleisir cwynion rhai o'r hen bregethwyr drachefn wrth iddynt letya mewn rhai mannau dros ambell Sul am eu bod yn troi a throsi drwy gydol hir y nos yn methu â chysgu ar gyfrif y ffaith eu bod yn gorfod rhannu'r gwely gyda rhengoedd o lu chweiniog! Ceir eraill yn grwgnach eu bod yn cael ffowlyn, neu hen iâr wydn yn amlach na pheidio, wedi ei ferwi i ginio bob Sabath am flwyddyn gron nes bod ambell hen batriarch erbyn hynny bron wedi dechrau magu plu.

Ond mae hanesion difyrraf y gyfrol o ddigon am hen bregethwr tra hynod, aelod o enwad yr Annibynwyr i lawr tua'r de 'na. Caed modd i fyw o ddarllen am ei hynt a'i helynt ef. Rhys Davies, neu'r Glun Bren fel y'i hadwaenid, canys dim ond un goes oedd ganddo druan. Fe geibiodd ef yn ei ddydd hylltod o bethau od iawn i'r wyneb. Pregethwr digon cyffredin yn ôl pob sôn. A stori pur gyfarwydd yw honno am rywun yn edliw iddo unwaith nad oedd wedi achub fawr neb erioed, er mai fo yn ôl pob tebyg oedd wedi bod yn gyfrifol am ddod â'r enwog Williams o'r Wern at grefydd. Ei ateb swta i'r cyhuddiad oedd, "Wel yn wir, os nad oes gennyf lawer o blant yn y ffydd, y mae gennyf ddwsinau o wyrion!"

Dioddefodd lawer o erledigaeth ac o ddirmyg ar gychwyn ei yrfa gyda rhai mamau yn cynghori eu plant i'w lwyr anwybyddu gan y credid y gallai eu witsio, hyd yn oed droi ambell un ohonynt yn anifail – yn gi, yn gath, yn llwynog neu rywbeth seithgwaith gwaeth. Er mai lliniaru a wnaeth yr erlid yn y man a bu ofergoeledd y bobl yn y pen draw yn gymorth iddo gael llonydd i bregethu.

Un o'i ystumiau hynotaf wrth draethu, mae'n debyg, oedd codi ei law at ei geg a'i bwrw hi wedyn i gyfeiriad y gynulleidfa. Roedd hwyrach yn ddull effeithiol o argyhoeddi gwrandawyr cysglyd a difater ei fod fel petai yn cydio yn ei eiriau gerfydd ei law a'u pledu i'w cyfeiriad. Er iddo syrthio i brofedigaeth pur chwerw wrth fabwysiadu'r union ddull hwnnw mewn tŷ ffarm un 'nawn Sul. Yn y gegin y cynhelid yr oedfa, yr ystafell yn llawn, a chi mawr yn gorwedd o flaen y tân. Ond pan ddechreuodd Rhys chwifio ei law i'w gyfeiriad fe dybiodd yr hen gi ei fod yn cael ei herio. Derbyniodd yntau'r sialens drwy chwyrnu a sgyrnygu ei ddannedd yn dra mileinig yn ôl. Caed dirfawr drafferth yn dofi'r naill fel y llall.

Ac yr oedd yn borthwr huawdl odiaeth pan wrandawai ar rywun arall yn pregethu. Cafodd gynnig gini unwaith os ymgadwai rhag amenio mewn gwasanaeth. Yn wir yr oedd gini yn ffortiwn fechan yr oedd gwir ei hangen arno, er mai methu a wnaeth, ond wrth gydnabod ei fethiant dadleuai mai pethau llygredig wedi'r cwbl oedd arian mewn cymhariaeth â darbodion yr Efengyl.

Nodwedd a fu'n fagl iddo ar sawl achlysur ac yn brofedigaeth i eraill oedd ei dymer eithriadol wyllt. Fe gyrhaeddodd i'w gyhoeddiad i bregethu ym Mheniel ger

Caerfyrddin un bore Sul dim ond i ganfod bod dau o leiaf o bregethwyr eraill wedi dod i'r un lle gan dybio mai nhw oedd i fod i gynnal oedfa yno. Camgymeriad go ddifrifol ar ran y gŵr a gadwai'r Llyfr Bach, roedd hi'n amlwg. Ond roedd Rhys wedi pwdu. Trodd ar ei sawdl yn syth i fynd oddi yno: "Na wir, arhoswch..." plediodd un o'r blaenoriaid. "Chi sydd i fod yma, Mishtir Defis bach, nid nhw."

Ond nid oedd na thwsu na thagu arno. Roedd wedi ei gyffroi ac mewn tymer arswydus o sarrug.

"Na," taerai, "mae yma fwy o gathod nag o lygod eisoes ddyliwn...," a chan stryffaglio ar gefn Miller, yr hen geffyl, carlamodd oddi yno ar ei hyll.

Bu Miller yn ufudd was iddo am flynyddoedd er nad oedd byth olwg rhy raenus arno yntau chwaith mwy na'i berchennog. Fel rheol digon ychydig o borthiant a gâi am ei wasanaeth parod a diflino. Ac eithrio unwaith. Mae sôn iddo drwy ryw amryfusedd y tro hwnnw gael cynnig llond celwrn o'r cwrw gorau yn y Drover's Arms, Caerfyrddin, a hwythau ar eu ffordd i gymanfa yn Llanelli. Sut siâp oedd arno wedyn sy'n gwestiwn! Nid bod hynny yn poeni llawer ar ei feistr chwaith. Wedi'r cyfan doedd llwyr ymwrthod â'r ddiod feddwol ddim yn un o delerau iachawdwriaeth yng ngolwg Rhys. Onid oedd erioed wedi gwrthod arwyddo dirwest? Er hynny gallai fod yn dra llawdrwm ar unrhyw feddwyn a'i ddisgrifiad ohono yn ymylu ar fod yn bur liwgar. Fe'i gwelai:

fel tarw topog, fel llyffant torog yn ffos y clawdd, ei ddau lygad fel dau wy clwc yn ei ben, ei ddwy wefus fel dwy ledwad ac fel petai dwy fenyw farfog wedi bod yn ei luo ers saith mlynedd, neu wedi bod ar bentan y diawl gyda merch yr hapswr.

Nid gorchwyl hawdd unrhyw adeg chwaith oedd dod o hyd i lety iddo ef a Miller canys roedd rhai wedi clywed am ei dymer wyllt tra bod eraill yn tybio nad oeddynt, y naill na'r llall, yn ddigon rispectabyl i aros dan eu cronglwyd. Dyna'r tro y cynhelid cymanfa rywle yn Sir Frycheiniog a'r tŷ yr anfonwyd Rhys iddo mor llawn fel y gorfodwyd ef i gysgu o dan y grisiau, gyda'r morwynion gydol hir y nos yn trampio i fyny ac i lawr ar hyd-ddynt wrth baratoi hyn a'r llall ar gyfer trannoeth. Nid yn unig tybiai fod y fan y gosodwyd ef i orwedd wedi tramgwyddo ei urddas ond methai'n lân â chysgu'r un pryd. O'r herwydd roedd mewn hwyliau hynod dymhestlog ac fe waethygodd pethau gefn trymedd nos pan syrthiodd un o'r morwynion bendramwnwgl o ben y grisiau i'r gwaelod gan beri iddo yntau yn ei rwystredigaeth weiddi, "Diolch i'r Gogoniant! Dyna'r diawl yna beth bynnag â'i pheglau i fyny."

Yn un o gymanfaoedd yr Annibynwyr yng Nghilcennin nid nepell o Aberaeron y digwyddodd y ddamwain i'w goes. Safai, mae'n debyg, ar ryw fath o drol yn gwrando ar bregeth a chafodd y cennad oedd wrthi y fath arddeliad ar ei draethu fel y dechreuodd y gwrandawyr foliannu a dawnsio a neidio dros bobman. Ac yr oedd Rhys yntau yn eu plith, un, fel yr adroddwyd amdano, 'yr oedd ei ordymer naturiol yn anarferol o boethlyd fel nad oedd yn ofynol ond i awel wan o ddylanwad ysbrydol ei ddyrchafu i hwyl fawr'. Ac yn y fargen trawodd ei goes yn erbyn darn haearn ar y drol ac erbyn min nos roedd honno wedi llidio a chwyddo hyd at ddwywaith ei maint fel y bu raid rhwygo ei esgidiau â chyllell i'w galluogi i'w diosg oddi am ei draed. Dirywio fu ei gyflwr yn ystod y dyddiau nesaf a hynny i'r fath raddau fel nad oedd gan y meddygon, er osgoi gwaeth, yr un dewis ond argymell torri ei goes i ffwrdd wrth ei forddwyd.

Bryd hynny doedd dim o'r cyffur trugarog hwnnw, y clorofform, ar gael i gleifion a bu raid i'r truan ddioddef arteithiau dychrynllyd cyn 'rhoddi llythyr ysgar', chwedl awdur y gyfrol, 'hyd yr atgyfodiad i un o golofnau ei dŷ'; eithr wedi'r driniaeth, os gwir y stori, fe gododd y dioddefydd ar ei eistedd ar y bwrdd ac er syndod i bawb fe ddechreuodd

71

mewn tôn orfoleddus ddiolch i Ragluniaeth mai ei goes ac nid ei dafod a dorrwyd a chan ychwanegu, "Fe alla i bregethu Ceidwad i bechadur cystal ag erioed ac er gwaetha popeth." Weithiau cymerai ei anabledd yn ysgafn gan gael hwyl fawr ar ei gownt ei hun. Digwyddodd Henry Richard a gweinidog o Sais o Lundain daro arno mewn cyfarfod yn Llanymddyfri un tro pryd y cyflwynodd Richard Rhys i'w gyfaill. Aed drwy y foes weithred honno yn ffurfiol dros ben fel pe buasai dau frenin yn cyfarfod ei gilydd am y tro cyntaf cyn i Rhys ychwanegu:

"I suppose you have in your time seen many preachers with wooden heads but that you never saw before a preacher with a wooden leg."

Mewn geiriau eraill roedd pregethwr â choes bren yn tra rhagori ar un â phen pren, gwirionedd na allai'r un Sais yn sicr gael achos i anghytuno ag ef.

Er nad dyna ei union agwedd at ei anabledd bob gafael chwaith canys ar dro fe wrthwynebai'n ffyrnig unrhyw holi ynghylch y goes golledig. Yn wir aeth un gwraig barchus, os peth yn ddiniwed, i gryn brofedigaeth wrth iddi, yn llawn bwriadau teilwng, holi beth oedd wedi digwydd iddo a sut y cawsai'r fath anffawd. Cafodd ateb digon sarrug,

"Wraig, mi greda i'ch bod chi yn pryderu mwy ynghylch fy nghlun i nag ydych ynghylch eich cyflwr eich hun. Da chi ymataliwch."

Dro arall mewn llety dieithr daethai'r forwyn â phâr o slipars ar ei gyfer a'u gosod yn daclus wrth ei ymyl ond fe'i gwelwyd yn cicio un ohonynt yn ddirmygus o'r neilltu. Cododd yn syth gan fynd at wraig y tŷ i ddatgan ei syndod nad oedd honno wedi dysgu amgenach *manners* i'w morwyn.

Bron na ellid taeru bod yr helbulon a ddaethai yn sgil y goes bren wedi bod yn fwy na'i gwerth iddo. Arhosai yn ôl ei arfer rywle dros un Sul lle'r oedd y plant, o sylwi arni, yn berwi gan chwilfrydedd i wybod rhagor yn ei chylch. Fore trannoeth, o sylwi bod drws ystafell y pregethwr yn gilagored, dyna frathu eu pennau drwyddo i weld y goes ynghyd â'r strapiau oedd wrthi yn gorffwys yn daclus yn erbyn erchwyn y gwely. Sleifiodd un ohonynt i mewn a'i chipio er mwyn ei hastudio'n fanylach. Aeth un ohonynt mor bell â cheisio ei gwisgo drwy stwffio ei glun fach ei hun i mewn iddi. Ond yn y man fe ddeffrodd ei pherchennog gan fwriadu codi o'i gythwal, er na allai sefyll ar ungoes. Aeth i'r fath dymer wrth ei gaddo hi yn y modd mwyaf melltigedig i'r plant fel y cafodd eu mam oriau o drafferthion yn ceisio'i dawelu. Bu ond y dim i'r goes, dro arall wedyn, â llosgi'n lludw wrth ei fod ef ger y tân wedi llwyr ymgolli yn y gorchwyl o lunio pregeth. Oni bai i'w wraig ddychwelyd i'r tŷ fe fuasai wedi bod yn bur ddu arno.

A beth am stori Rhys a'r *warming pan*? Roedd y llety y tro hwnnw yn un tra chysurus a'r feistres wedi gorchymyn i'r forwyn gynhesu ei wely â phadell dwymo hirgoes. Ymhen hir a hwyr aeth yntau i fyny i'r llofft gan ddechrau dadwisgo pan gofiodd y forwyn yn sydyn i lawr yn y gegin ei bod wedi gadael y badell yno yn y gwely. Rhedodd yn ffrwcslyd i fyny'r grisiau a rhuthrodd ar ei hyll i'r ystafell fel yr oedd yntau yn yr union act o ddiosg ei drowsus; a rhag iddi ei weld yn y fath gyflwr cywilyddus fe sgrialodd i'r ciando gan ddiffodd y gannwyll i'w ganlyn. Ond heb ddatod y goes! Aeth y forwyn mor ddistaw ag y gallai yn y tywyllwch at y gwely a chafodd afael, fel y tybiai hi, ar goes y badell gan ddechrau tynnu a thynnu heb sylweddoli mai tynnu ar y goes bren a wnâi. Ac er bod Rhys yn protestio'n ffyrnig fe'i tynnwyd o'i wely yn glewtan ar lawr. Mae'n haws dychmygu na cheisio disgrifio ei dymer yn wyneb y fath brofedigaeth.

Bu anffawd ym Merthyr Tudful yn ogystal. Fe gychwynnodd yr achos Annibynnol yno mewn hen warws a chafwyd pulpud i'w osod yno a berthynai unwaith i eglwys y plwy a oedd erbyn hynny wedi ei chau ac un newydd wedi ei hadeiladu yn ei lle. Gwaetha'r modd gwelsai'r hen bulpud hwnnw ddyddiau gwell, a'i waelod, er yn ymddangos yn gyfan, wedi hanner pydru; ac wrth fynd i hwyl ar ganol ei bregeth fe syrthiodd yr hen gono drwyddo gan ddisgyn ar amrantiad i lawr i'r gwaelodion rhywle o olwg y gynulleidfa, yr hon meddwyd yn syber 'ydoedd wedi colli mesur helaeth o'i sobrwydd a'i difrifoldeb gan y digwyddiad'. Ond does wybod faint o bulpudau a dyllwyd ganddo yn ei ddydd canys roedd pob rhan ohono ar waith pan âi i hwyl, yn arbennig felly y goes bren. Yn awr ac eilwaith âi'r goes yn sownd ar waelod ambell i bulpud fel y byddai angen iddo ar derfyn y gwasanaeth alw am gymorth rhai o'r gwrandawyr i'w ryddhau o'i garchar.

Nid yn aml y mentrai i'r Gogledd er iddo fwrw tymor yn cadw ysgol yn Sir Feirionnydd unwaith. Rywbryd yn ystod y cyfnod hwnnw fe drawyd gwraig ifanc o Ddinas Mawddwy yn wael iawn ar enedigaeth plentyn. Anfonwyd am y meddyg ond fe fu i hwnnw lwyr anobeithio ynghylch ei chyflwr. Doedd dim amdani wedyn ond anfon am Rhys Davies i weddïo drosti. Afraid dweud iddo yntau gydsynio'n syth â'r cais. Dewisodd weddïo yn y gegin ond yn ddigon uchel fel y gallai'r wraig a'i phriod pryderus ei glywed yn y llofft:

"Dyro nerth, O! Arglwydd, i'th lawforwyn esgor," plediodd, ac ar hynny fe anwyd y plentyn. Ond daliai ef i weddïo heb sylweddoli beth oedd wedi digwydd.

"Dyro... dyro, O! Arglwydd, nerth i'th lawforwyn esgor," ymbiliodd eilwaith. Ac ar hynny, yn gwbl annisgwyl, fe anwyd ail blentyn iddi. Doedd neb wedi sylweddoli ei bod yn disgwyl gefeilliaid. Ond eto yn ei anwybodaeth daliai ef i weddïo.

"Dyro, O! Arglwydd, nerth..." nes i'r tad ifanc ruthro yn ei ddychryn i lawr y grisiau ac mewn panig llwyr ddechrau gweiddi:

"Stopiwch! Stopiwch! Bendith y Tad i chi ddyn, stopiwch! Rydan ni wedi cael hen ddigon bellach, diolch i chi 'run fath."

Ia'n sicr, doeth fu i Ragluniaeth greu dim ond un Rhys

Davies. I feddwl na fyddwn i erioed wedi clywed hyd yn oed am ei fodolaeth heb sôn am y trallodion a ddaethai yn sgil ei glun bren oni bai i mi ar ddamwain daro ar yr hysbyseb honno yn *Y Casglwr* a chredu i wario pumpunt ynghyd ag ychydig sylltau cludiant ar gopi prin o *Hynodion Hen Bregethwyr Cymru gydag Hanesion Difyrus Amdanynt*.

Os cafwyd bargen erioed...

Nofelydd o Aran

AETH YN AGOS I drigain mlynedd heibio er pan welsom ef yn dod i gyfarfod ei wraig newydd. Llafn o hogyn yn Ysgol Uwchradd Amlwch oeddwn i, ac fel eraill o'm cyd-ddisgyblion yn ei chael yn anodd sobor i ddygymod â'r ffaith fod Miss Florence Hall, 'Ffanni' fel y'i bedyddiwyd gennym, yn hwyr yn y dydd wedi mentro i'r ystad briodasol. Eithr dygymod fu raid canys roedd yr union Ffanni honno a fu'n stryffaglu'n ddigon ofer yn aml i ddangos inni sut i ddatgymalu brawddegau yn *subject* a *predicate*, yn *object*, yn *complement* ac yn *extension*, heb sôn am ein gorfodi i ehangu ein gorwelion llenyddol drwy ddysgu ar ein cof bethau tra buddiol fel 'First Spring Morning' Robert Bridges, 'The Tiger' William Blake, darnau gan Rupert Brooke neu 'Pathfinder' gan John Masefield, i'w hadnabod o hynny 'mlaen fel Mrs Mullen.

Ychydig a wyddem am ei bywyd personol, dim ond ei bod yn byw ymysg y bobol fawr ym Mhorth Llechog, fod ganddi gi anwes a'i dilynai fel ei chysgod i bobman a bod Liana Bluum, geneth ysgol alluog, lygatddu a oedd yn ffoadures o Siecoslofacia, yn ward llys iddi ac yn ymgartrefu gyda hi yn Heather Bank. Chlywsom ni 'rioed er hynny – yr un hen stori – mohoni yn llefaru'r un gair o Gymraeg, er y gallai mae'n debyg ei siarad yn eitha rhwydd.

Ond er gwaetha'r sioc a'r chwithigrwydd o orfod ei chyfarch wrth ei henw a'i theitlau newydd fe gaed ar ddeall yn eithaf buan mai Gwyddel oedd Patrick ei gŵr, a'i fod yn awdur o beth bri. Yn ychwanegol at hynny roedd yn destun synnu fyth ar synnu, heblaw am fod yn dipyn o ymffrost gennym hefyd, chwarae teg, fod ein hathrawes Saesneg ni bellach yn fam wen i Janet, howscipar yr enwog a'r hyglod ddoctoriaid Finlay a Cameron o Dannochbrae y byddem mor dra edmygus o'u campau wrth ddilyn eu hynt a'u helynt ar deledu du a gwyn yn selog bob nos Sul. Tua dechrau'r pum degau oedd hi. Roedd hi oddeutu hanner cant, yntau, er yn horwth cyhyrog, talgryf, yn tynnu at oed yr addewid. Fe'i gwelsom droeon yn dod i'w chyfarfod o'r ysgol ar ddiwedd ambell brynhawn, yn cymdeithasu â'r athrawon a'r disgyblion mewn ambell sosial ar derfyn tymor neu'n siopa gyda hi yn Amlwch ar fore Sadwrn. Yn wir roedd ambell un mwy busneslyd a chwilfrydig yn ein plith wedi eu gweld yn stelcian law yn llaw ar hyd y llwybrau uwchlaw'r môr nid nepell o'u cartref ac yn ymagweddu, decini, yn union fel y mae neu o leiaf fel y disgwylir i gyplau yng nghyffro cyntaf eu priodas ymagweddu.

Eithr beth tybed a barodd i'r hogyn ysgol hwnnw, sydd bellach ddim ond ryw ychydig yn iau nag oedd y talsyth Patrick Mullen bryd hynny, gofio amdano'n ddiweddar? Ar sgawt yng ngorllewin Iwerddon yr oeddem ni yn aros am ychydig ym mherfeddion y Gaeltacht ac wedi manteisio ar un o ddyddiau braf mis Gorffennaf i wireddu breuddwyd drwy groesi o Ros a' Mhíl i Inis Mór, y fwyaf o blith ynysoedd Aran. Ymhen deugain munud roeddem wedi glanio yn Cill Rónáin ac fe dreuliasom y teirawr nesaf yn crwydro'r ynys mewn bws mini.

Afraid nodi mai teimlad o fynd yn ôl mewn amser a geir wrth lanio ar Aran. Mae Inis Mór yn wyth milltir o hyd a dwy ar draws gyda'i phoblogaeth o ychydig dros wyth cant wedi'i rhannu fwy neu lai yn ddwsin o gymunedau neu o fân bentrefi. Mae yno dair ysgol gynradd ac un ysgol uwchradd gyda'r Wyddeleg yn teyrnasu fel yr iaith gyntaf. Prin yw unrhyw achos o dorcyfraith yno ac eithrio yn ystod tymor yr haf pan fo rhwng dwy a thair mil o ymwelwyr yn disgyn yn feunyddiol wancus ar yr ynys gan ddod â'u harferion anwar i'w canlyn. Er hynny buasai'n ddigon dyrys ar yr ynyswyr heb y twristiaid bellach. Mewn mangre mor anghyfannedd does dim arall y gellir ei bluo! Hebddynt byddai bywyd yn galed odiaeth. Wedi'r cyfan, does yno fawr ddim namyn creigiau a cherrig, mwy o gerrig a mwy fyth o gerrig. Yn wir, fe glandrodd rhywun fod yr hyn a fuasai'n cyfateb i gyfanswm anhygoel o wyth cant o filltiroedd o gloddiau cerrig wedi eu codi i amgylchynu'r milmyrdd mân gaeau sydd arni.

Nid bod unrhyw ddyfnder daear yno chwaith. Mae'r pridd yn brinnach nag aur ac er mwyn crafu unrhyw fath o fywoliaeth gorfu i'w phobl geisio diwyllio rhai o'i chreigiau gwastad drwy gario haenau ar haenau o dywod yn gymysg â gwymon yn llafurus mewn basgedi gwiail yn y gobaith o sicrhau rhyw fath o wely y gallai ambell gnwd ddim ond ryw led ffynnu arno. Er bod y môr – o fod ar delerau da ag ef ac o gofio bob amser mai ef yw'r meistr y mae gofyn rhoi pob dyledus barch iddo – yn fythol barod i ildio'i gynnyrch. Yn ychwanegol at hynny y mae holl draethau'r ynys yn lân heb arlliw o olion llygredd ar eu cyfyl.

Yn ôl pob tystiolaeth hefyd mae cynifer â phedwar cant a rhagor o wahanol fathau o blanhigion a blodau gwyllt yn tyfu ar yr ynys. Nid gronyn yn llai diddorol wedyn yw olion hen fynachlogydd ac eglwysi sy'n ei britho yn cynnwys adfeilion eglwys Sant Enda, sylfaenydd y mudiad mynachaidd yn Iwerddon.

Aros i gael cinio ym mhentref Cill Mhuirbhigh a'i chymryd hi'n dra phwyllog i fyny oddi yno hyd at Dún Aonghasa, y gaer ryfeddol honno o gyfnod Cyn Crist, ond odid un o geiri enwocaf Ewrop gyfan. Clwyda ar ddannedd clogwyni ysgythrog sy'n disgyn yn agos i dri chan troedfedd i gyfarfod â thonnau anferth wrth eu godreuon – tonnau sy'n profi eu gwrthwynebiad cyntaf un wedi croesi cefnfor llydan. Ac o sefyll yno ar y dibyn fe sylweddolir nad oes dim heblaw am yr Iwerydd bygythiol rhyngoch chi wedyn a'r Byd Newydd a roes loches a gobaith i filoedd ar filoedd o'r Gwyddelod mewn cyfnodau o argyfwng ac o angen ar hyd y cenedlaethau. Profiad nas anghofir fu dringo i Dún Aonghasa.

Yn ôl yn Cill Rónáin troi i mewn i'r arddangosfa yn y ganolfan dreftadaeth ple'r oedd casgliad o siartiau, mapiau, ffotograffau a chreiriau sy'n portreadu'r ynys yn ei hamryfal agweddau, ei thirwedd a'i daeareg, ei hadar a'i hanifeiliaid, ei blodau a'i phlanhigion, ei harferion a'i thraddodiadau, ei chrefydd a'i gwyliau, ynghyd ag offer y brodorion, eu dillad ac ati. Yn y man hefyd daethpwyd i'r adran sy'n rhoi gwybodaeth am y beirdd a'r llenorion, nid yn unig y rhai a fagwyd ar yr ynysoedd ond y rhai a ddaethai yno yn eu tro i dreulio ambell gyfnod ymhlith yr ynyswyr.

I ynysoedd Aran fel enghraifft, ar archiad W B Yeats y cyfarfu ag ef ym Mharis, y daethai John Millington Synge, un o brif arloeswyr y mudiad drama cenedlaethol yn Iwerddon am ei ysbrydoliaeth. Treuliodd ef bob haf rhwng 1898 ac 1902 ar Inis Meáin yn clustfeinio ar iaith rywiog a phriod-ddulliau lliwgar ei brodorion. Yno y cafodd blot ar gyfer ei glasur *Congrinero'r Gorllewin* (*Playboy of the Western World*) a achosodd y fath gythrwfl pan lwyfanwyd hi gyntaf yn Nulyn yn 1907, neu *Marchogion i'r Môr* (*Riders to the Sea*) a ystyrir gan rai beirniaid fel y ddrama fer fwyaf gorffenedig yn yr iaith Saesneg.

Yno hefyd yn eu dydd y cyrchodd James Joyce a Brendan Behan hwythau er mai dynion dŵad oeddynt hwy mewn gwirionedd eithr, yn briodol iawn, i'r awduron brodorol y rhoddwyd y sylw amlycaf yn yr arddangosfa ac fe gaed gwybodaeth eitha manwl amdanynt ynghyd â llun o bob un.

Un oedd yn derbyn llawer o sylw yno oedd Liam O'Flaherty, awdur nofelau fel *Yr Achwynwr* a *Newyn* heb sôn am ei waith gorau, *Dúil*, sy'n gasgliad o storïau gyda'r mwyaf arbennig mae'n debyg a gyhoeddwyd yn yr Wyddeleg. Yna, ei frawd hynaf Tom a'i nai, y newyddiadurwr a'r darlledwr Breandán Ó hEithir; y bardd a'r ysgrifwr Máirtín Ó Direáin wedyn a Colie O hIarnáin, awdur rhai dramâu, cyn sylwi toc ar lun trawiadol o ŵr digon golygus y taerwn 'mod i wedi ei weld yn rhywle o'r blaen. Ac ar fy ngwir yr oeddwn wedi ei weld

o'r blaen hefyd oblegid o ddarllen yr ysgrifen oddi tano fe
sylweddolais yn syth pwy ydoedd:

Pat Mullen – born in 1883 in Cill Rónáin… aside from his creative
writing he became Robert Flaherty's right-hand man in the making
of the famous film *Man of Aran.*

A dyna finnau ar un amrantiad megis yn ôl trachefn yn hogyn
yn Ysgol Amlwch ar ddechrau'r pum degau yn gweld Ffanni
yn mynd adre ar derfyn dydd ym mraich y Gwyddel hwnnw yr
oedd, er mawr syndod i ni oll, wedi ei briodi yn ystod gwyliau
haf y flwyddyn honno. A dyna hefyd sut yr ailgyneuwyd fy
niddordeb ynddo gan beri i mi fynd ati i chwilio am fwy o'i
hanes.

Fe dreuliodd Pat flynyddoedd ei blentyndod a'i ieuenctid
cynnar yn ôl pob tebyg, hyd nes iddo fod yn bedair ar bymtheg
oed beth bynnag, ar Aran, ond roedd palmentydd aur Efrog
Newydd a Boston yn denu brodyr a chwiorydd a chymdogion
fel na allai yntau erbyn 1905 wrthsefyll y demtasiwn o ymuno
â hwy. Er hynny, yn wahanol i fwyafrif ei gydwladwyr ni allodd
ef gynefino ag America. Daeth i sylweddoli'n eithaf buan nad
oedd y wlad fawr wedi ei chreu yn arbennig ar ei gyfer ef, nac
yntau chwaith ar ei chyfer hithau. Un mlynedd ar bymtheg
yn ddiweddarach fe ddychwelodd gartre gyda PJ ei fab i ofalu
am yr hen ddyddyn ar Aran gan adael ei wraig a'i blant eraill ar
ôl yn y gobaith y byddent yn ei ddilyn yn ddiweddarach.

Erbyn hynny roedd annibyniaeth Iwerddon ar y trothwy
er nad oedd dim ond tlodi a cholledion yn aros amdano ar
yr ynys. Roedd dau o'i frodyr wedi marw yn sgil epidemig
o'r ffliw a sgubodd drwy'r wlad. Yr un pryd, yr oedd dyddiau
ei fam wedi eu rhifo ac fe'i collodd hithau – tynged na
allodd erioed ei deall na'i derbyn. Ar ben hynny yr oedd ei
dad wedi chwerwi peth, yn bennaf am nad oedd ei fab wedi
dychwelyd yn gefn dyn nac yn ŵr cyfoethog fel y disgwyliai
iddo. I goroni'r cyfan roedd y diwydiant pysgota, a fu ar un

cyfnod yn un mor llewyrchus, yn dechrau nychu fel ei bod yn gwbl amlwg nad oedd y nef newydd a'r ddaear newydd, yr oes aur yr edrychwyd ymlaen ati cymaint wedi saith canrif o orthrwm, am wawrio dros nos.

Roedd wedi ei ddadrithio'n llwyr ac fe ddatblygodd yn feirniad diflewyn-ar-dafod o bob awdurdod, yn wladol a chrefyddol, ac ni fu'n fyr chwaith o roi mynegiant croyw i'w deimladau. Heriodd y credoau traddodiadol ar farwolaeth ei fam a daeth i'w ystyried fel sosialydd pybyr, yn un i'w ddrwgdybio. Ond yn raddol fe dawelodd pethau ac fe lithrodd yntau i'r rhigolau cyfarwydd o geisio crafu bywoliaeth o'r tyddyn ac o bysgota gan ddod yn fwyfwy ymwybodol o brydferthwch ei ynys.

Yna, yn y tri degau, daeth Robert Flaherty yno i gyfarwyddo'r ffilm ddogfen *Man of Aran*. Er nad oedd hwyrach heb ei beirniaid fe ystyriwyd y ffilm honno'n glasur o'i bath. Bu'n ddigon da i ennill y fedal aur, y Grand Prix, yng ngŵyl ffilmiau Fenis beth bynnag. Portreadai fywyd beunyddiol yr ynys, yn arbennig brwydr oesol ei physgotwyr yn eu hymdrech i oroesi gaeafau diddiwedd a'r elfennau gyda'r mwyaf gwrthnysig. Y prif gymeriad yw'r môr a hwnnw'n amlach na pheidio yn un cwbl di-ildio yn ei ymchwydd cynddeiriog. Ond fel yng nghlasur arall yr un cyfarwyddwr, *Nanook of the North*, nid oes yn *Man of Aran* chwaith unrhyw foesoli na chyflwyno safbwynt. Dyna athroniaeth Flaherty, ceisio bod yn ddiduedd bob gafael. Eithr wrth weithredu yn rôl y cyfarwyddwr cynorthwyol iddo fe sicrhaodd Pat Mullen a Robert Flaherty rhyngddynt fod cryn orchest wedi ei chyflawni.

Yr un pryd fe chwaraeodd Pat ran fechan fel un o'r cymeriadau ynddi. O wylio'r fideo gwelir ef fel un o'r criw a ryfygodd ar antur enbyd mewn *currach* i hela'r siarc. Ac fe ychwanegwyd ymhellach at ei enwogrwydd fel actor-gyfarwyddwr pan gyhoeddodd y gyfrol *Man of Aran* yn 1934, sef ei fersiwn ef ei hun o hanes creu a chynhyrchu'r ffilm honno.

Nid dyna'r unig dro iddo fentro i brint chwaith oblegid ymhen dwy flynedd dygwyd ei nofel, *Hero Breed*, i oleuni dydd. Portread o'i fywyd ef ei hun yw'r nofel honno mewn gwirionedd. Lleolir y stori ar Aran (er mai mewnfudwyr o Gonnemara yw'r teulu O'Donnell yr olrheinir eu hynt a'u helynt). Yn aml mae'n gofnod hanesyddol a chymdeithasol o fywyd mewn pentref pysgota ar yr ynys. Adlewyrchir arferion pob dydd y trigolion wrth iddynt gasglu broc môr, hela cwningod a chynnal gwyliau mabsant ac ati. Portreadir hefyd eu harferion caru, eu chwaraeon a'u chwedleua gan gynnwys rhai nodweddion llai deniadol o greulondeb a thrais ac o ymrafaelion teuluol. Yn wir ceir ambell ddisgrifiad sy'n ddigon i godi gwallt y pen weithiau. Ond ar adegau yr un pryd daw hiwmor du yr awdur i'r amlwg; ac nid yw'r gwaith yn amddifad o rai elfennau goruwchnaturiol chwaith. Mae'n cynnwys mythau a'r sôn am dylwyth teg, gwrachod ac ellyllon a phethau rhyfedd o'r fath. Gellir dadlau ar un wedd mai propaganda o blaid y math o sosialaeth y dymunai ef ei hyrwyddo sydd yma. Ac ar y lefel honno y mae'r nofel hwyrach yn llwyddo.

Yna drachefn yn 1938 fe gyhoeddodd cwmni Faber ei drydedd gyfrol, sef ei gasgliad o *Chwedlau Gwyddelig*. Ond er chwilio'r Iwerddon drwyddi draw – Kenny's yn Galway ac Eason yn Nulyn, heb sôn am sawl siop lyfrau ail a thrydydd llaw arall – yr unig un y llwyddwyd i ddod o hyd iddo oedd copi o'r olaf a restrwyd. Ymddengys bod y nofel a *Man of Aran* fel ei gilydd nid yn unig wedi hen fynd allan o brint ond bod unrhyw gopi mewn unrhyw gyflwr bellach yn brinnach na'r un panda. Onid oes 'na ambell un yn llechu o hyd ar silff lychlyd yn un o gartrefi ardal Amlwch? Neu beth am Ysgol Syr Thomas Jones? Does bosib nad oes yn yr hen ysgol enghreifftiau o gynnyrch ei chyn-ddisgyblion a'i chyn-athrawon, hyd yn oed sampl o gynnyrch gwŷr rhai cyn-athrawesau, beth bynnag fo'u gwerth?

Ac wrth sôn am gyn-athrawes yn benodol cystal hwyrach

fyddai ceisio olrhain sut, lle a phryd yn union y bu i'r
Gwyddel ffraeth ei dafod hwnnw daro ar a chlicio â hen
ferch ymddangosiadol gysetlyd yn y lle cyntaf? Sut hefyd
y datblygodd y fath gemistri rhyngddynt? Pan oedd hi a'i
chwaer yn ieuengach byddent yn manteisio ar wyliau hir
yr haf bob blwyddyn i godi pac a mynd ar dramp i rywle
neu'i gilydd. Gorllewin Iwerddon oedd eu dewis un tro a
threuliwyd peth amser ar Inis Mór. Aeth pethau rhagddynt yn
eithaf didramgwydd nes y daeth hi'n amser iddynt ymadael.
Yr oedd yn ddiwrnod stormus a hwythau'n gogrwn o gwmpas
yr harbwr yn Cill Rónáin yn chwilio am gychwr a fuasai'n
mentro eu rhwyfo dros y swnt yn ôl i'r tir mawr – a phwy
ddaeth heibio ar hap ond Padi Mullen.

Yn ôl pob sôn fe fuasai Padi erioed yn dipyn o swynwr
yng nghwmni merched – *charmer* a defnyddio lledneisair
derbyniol mewn cylchoedd parchus! Roedd tuedd gref ynddo
i dynnu'i droed drwy'i adain gyferbyn ag unrhyw un a wisgai
sgert. Yr awgrym lleiaf o unrhyw swcwr – dyna'r oll oedd ei
angen. Ac ni chymerodd fawr o dro i'w arabedd a'i huotledd
ei sgubo hi'n llwyr ac yn benwan oddi ar ei thraed. Syrthiodd
mewn cariad ag ef yn y fan a'r lle.

Eithr fel y canfu Lysander a Hermia ganrifoedd o'u blaenau
ni fu llwybr serch i neb erioed yn un cwbl esmwyth. Wedi'r
cwbl roedd ef yn ŵr priod a phlant ganddo er bod ei wraig,
Winnie, ac yntau wedi gwahanu ers tro byd erbyn hynny.
Ond ni allai'r un Pabydd a fagwyd ar Aran, boed sosialydd
neu beidio, ddim hyd yn oed ystyried y fath beth ag ysgariad.
Doedd dim amdani felly ond i'r ddau aros ac 'ymlosgi', chwedl
yr Apostol Paul, nes y byddai'r amser yn addas. A bu hwnnw
yn amser hir. Gorfu iddi hi gyrchu'n rheolaidd yn ystod ei
gwyliau haf yn y tri a'r pedwar degau, er mawr ddirgelwch i'w
chymdogion ym Môn, i'w bwthyn ar Inis Mór i fod gydag ef ac,
o bosib, i roi peth cymorth iddo gyda'i gynnyrch llenyddol.

Unwaith y bu ei wraig farw, fodd bynnag, ac wedi iddo yntau
gael ei draed yn rhydd fe briododd y ddau gan ymgartrefu

ym Mhorth Llechog. O leiaf byddai rhai o'r nodweddion a berthynai i'w fywyd newydd yng ngogledd Môn yn ei atgoffa o'i hen gartref ar Aran. Wedi'r cwbl, dim ond cyfnewid un ynys am un arall a wnâi. Byddai raid iddo gario dŵr yfed ar draws y caeau megis gynt. Doedd dim golau trydan yn Heather Bank chwaith a phle bynnag yr âi roedd un peth o gysur mawr iddo sef na fyddai byth yn gorfod crwydro ymhell o'r môr.

Ond does dim tystiolaeth iddo ymhél rhyw lawer rhagor â'i yrfa fel awdur unwaith y bu iddo ymgartrefu ym Môn. Eto i gyd fe ddaliai i fod yn hoff o ddenu cynulleidfa ac i fod yn eiddgar barod i hudo unrhyw un mewn unrhyw fan a fyddai'n fodlon neilltuo amser i roi clust iddo ac i ryfeddu at ei draethu. Waeth pa adeg bynnag o'r dydd neu o'r nos a fyddai roedd ganddo'r awydd a'r ynni i adrodd ei storïau ac i raffu ei smaldod. Gyda'i atebion parod a'i ddywediadau slic a ffraeth gallai swyno'r mwyaf trwynsur. Onid oedd gwraig fonheddig ffroenuchel wedi glanio ar Aran un bore, yntau yn ôl ei arfer ar y cei yn hwrjio'i wasanaeth ac yn cynnig ei thywys o gwmpas yr ynys yn ei gert? Ond pethau llawer mwy daearol, os cwbl angenrheidiol bywyd, oedd yn mynd â bryd mi ledi y munud hwnnw wedi'r daith ar fôr tonnog o Ros a' Mhíl: "Tell me my good man," holodd, "isn't there a toilet on this blessed island anywhere?"

Yntau'n ateb fel fflach yn yr acen Wyddelig gref honno:

"My dear lady, look no further, the whole place is a bloody toilet. Do feel free!"

A'r syndod yn amlach na pheidio oedd nad oedd neb fawr dicach wrtho chwaith. Am ryw reswm anesboniadwy fe gâi bardwn am anghwrteisi a ystyrid yn un digon gwarthus o'i gael yn rhywun arall.

Daeth â rhai o arferion gwerinol eraill ei fagwraeth dlawd yn y gorllewin i'w ganlyn yn ogystal – y math o bethau nad oeddynt, a dweud y lleiaf, yn llwyr dderbyniol mewn cymuned mor sidêt â Phorth Llechog. Arferai alw heibio Siop y Drygist yn Amlwch yn gyson a phan wnâi fe amneidiai o'r neilltu ar yr eneth ifanc a weithiai y tu ôl i'r cowntar yno er mwyn iddo allu rhoi ei dip wythnosol iddi drwy sibrwd yn ei chlust pa geffyl oedd y tebycaf o ennill y 3.15 dyweder, yn Haydock, Redcar, Lingfield neu rywle cyffelyb. O wrando a gweithredu ar ei gynghorion doeth ac anffaeledig doedd dim dwywaith na fyddai'r eneth yn gwneud ei pheil dros nos! Ond doedd dylanwad gwareiddiol gweinidogaeth Cwyfan (y Parch. D Cwyfan Hughes, gweinidog y Capel Mawr) ddim wedi llwyr ddarfod amdano o Amlwch anghydffurfiol y dwthwn hwnnw fel nad oedd perygl o gwbl iddi hi a rhai tebyg iddi ildio i demtasiynau o'u bath a fyddai wedi peryglu iachawdwriaeth dragwyddol eu heneidiau yr un pryd! "A phrun bynnag," chwedl hithau, "doedd gen i na'r modd na'r awydd i roi arian ar yr un o'i hen geffyla fo, na'r un diddordeb chwaith gen i holi wedyn a oedden nhw wedi ennill ai peidio." Ond gan ychwanegu gyda phefriad yn ei llygaid, "Wedi deud hynny, dyn annw'l eithriadol oedd Patrick Mullen, y peth clenia'n fyw."

Ni all ambell un yn yr ardal fyth anghofio chwaith yr anerchiad a roes i Gymdeithas Bwrdd Crwn Llangefni rywbryd tua diwedd y chwe degau pan gafwyd amlygiad arall o'r parabl rhwydd a'r blarni'n llifo ac yntau yn ei elfen yn cadw'i wrandawyr ar flaenau eu seddau wrth iddo am awr a hanner a mwy alw i gof ei fywyd ar Aran.

Roedd ganddo un hanesyn y byddai'n ei adrodd gyda mwy o arddeliad na'r cyffredin, sef hwnnw am noson olaf rhawd ddaearol hen fachgen ei dad. Roedd yr hen ŵr dros ei bedwar ugain ac wedi bod yn bur fregus ei iechyd ers peth amser a musgrellni henaint wedi ei gaethiwo bron yn llwyr i'w gornel. Ond wrth i'r ddau sgwrsio o boptu'r tân mawn un min nos trodd yr hen ŵr at Pat gan edrych i fyw ei lygaid a dweud yn eitha larts: "I want you to give me a good wash over, Paddy – a real good scrub with carbolic." Mae'n debyg ei fod yn synhwyro bod ei ddyddiau yn tynnu tua'u terfyn a'i bod hi'n hen bryd iddo ymbaratoi ar gyfer ei ddiwedd.

Doedd gan Padi fawr o ddewis. Gorfu iddo gydsynio â'r cais annisgwyl yn syth. Yn absenoldeb dŵr tap a'r cyfleusterau arferol bu raid mynd ati i ferwi sawl llond tecell a chrochan cyn sodro'r twbyn yn seremonïol ar lawr y gegin tra bod yr hen batriarch yn diosg ei garpiau nes ei fod yn noeth fel eog ac yn ei mentro hi'n betrusgar i mewn iddo i gael ei sgwrio'n lân.

Unwaith yr oedd wedi'i ddiheintio bwriwyd planced wlân dros ei ysgwyddau a het cantal llydan am ei ben cyn ei arwain yn ôl i'w gornel lle bu'n synfyfyrio'n hir. Ond am ryw reswm hysbys iddo ef yn unig doedd o ddim fel petai wedi ei lwyr fodloni ac fe fynnodd fod yr union ddefod yn cael ei pherfformio eilwaith: "Not clean enough, Paddy, give me another scrub with carbolic – a much harder one this time," gorchmynnodd.

Cyrchwyd y twb eilwaith. Bu raid berwi llawer rhagor o ddŵr a defnyddio llawer rhagor o garbolic! Ond pan ddychwelodd yr hen frawd i'w gornel wedi'r ail sgwrfa fe haerai'n frwd nad oedd wedi teimlo cystal ers blynyddoedd: "I feel real good now, Paddy," cyhoeddodd. Ni bu angen ei hen garpiau arno wedyn chwaith, dim namyn y blanced wlân, oblegid erbyn bore trannoeth roedd wedi croesi i'r byd tragwyddol, yn gwbl dawel ei feddwl y byddai'n wynebu ei greawdwr yn lanach na'r un lili.

Yn ôl pob sôn roedd gan Pat sawl fersiwn o'r stori honno am oriau olaf hen fachgen ei dad, stori y bu iddo ei hadrodd droeon mewn sawl cylch gwahanol, a hynny'n lliwgar ryfeddol a chyda mwy bob tro o amrywiaeth cyfoethog.

* * * * *

Fe fu Ffanni ac yntau yn briod am oddeutu ugain mlynedd gan fwynhau ymddeoliad hir ar aelwyd Heather Bank ym Mhorth Llechog. Am ei fod 'yn hoff o'i botîn', fel y dywedir, câi gysur yn cyrchu i ambell dafarn yn Amlwch lle gwelid ef ar dro yn doethinebu wrth bwyso yn erbyn y bar yno. Dôi

Barbara, ei ferch, i ymweld â hwy o bryd i'w gilydd. Erbyn hynny roedd hi'n actores o gryn fri, yn adnabyddus ledled y deyrnas a thu hwnt, nid ar gyfrif ei mynych berfformiadau ar ffilm yn unig eithr o ganlyniad i'r ffaith mai hi oedd yr unig un a allai yn ei dull tawel a syber gadw trefn ar stranciau un a oedd yn gallu bod yn ddigon styfnig a surbwch ar y sgrin fach bob nos Sul, sef y Doctor Cameron, y partner hynaf ym mhractis Tannochbrae.

Dewis aros yn agos i'w wreiddiau fu hanes ei fab PJ fel y'i hadwaenid. Ar ôl dychwelyd o America fe dreuliodd ef weddill ei ddyddiau yn ymhél â chrefft ei gyndeidiau fel cychwr a physgotwr gan geisio crafu o'r môr fywoliaeth a oedd yn un ddigon main yn aml. Ganed iddo ef a'i wraig bedwar o feibion ac y mae hynny wedi sicrhau bod rhai wyrion a gorwyrion i Pat yn dal i fyw ar Inis Mór hyd heddiw. Yn wir, dim ond rai misoedd yn ôl pan oeddwn ar ymweliad arall â'r ynys bûm yn holi hwn a'r llall ynghylch y teulu. Ac yr oedd pawb fel petaent yn nabod y Mulleniaid: "Holwch yn Cill Rónáin," meddwyd, "maen nhw'n frid hynod liwgar... cewch fodd i fyw o dynnu sgwrs ag ambell un." Gwaetha'r modd doedd dim amser i loetran gen i canys bu raid prysuro rhag colli'r fferi yn ôl i'r tir mawr. Ryw dro eto hwyrach.

Bu Pat farw yn 1972. Erbyn hynny roedd yn tynnu am ei naw a phedwar ugain. Cynhaliwyd y gwasanaeth angladdol yn y Stella Maris, yr eglwys babyddol yn Amlwch y mae iddi gynllun pensaernïol mor ddiddorol. Gadawodd weddw gwbl anghysuradwy am gyfnod i alaru ar ei ôl. Ond fe fu hi fyw am ugain mlynedd arall gan dreulio ei blynyddoedd olaf mewn cartref preswyl yn Nyffryn Clwyd. Bu hithau farw oddeutu 1994. Roedd yr un oed â'r ganrif. Gyda'i hymadawiad hi fe gaewyd y llenni am y tro olaf ar stori garu dra hynod.

A goleuni a fu

GORFU I MI WNEUD apwyntiad i fynd i weld yr optegydd dro'n ôl. Nid am fy mod wedi sylwi ar unrhyw frycheuyn mewn unrhyw frawd cofier ond am fod yr union frycheuyn hwnnw (er nad trawst mohono chwaith) wedi dechrau ymddangos yn fy eiddo fy hun. Nid haeru'n ymhongar yr ydw i, dealler, fod rhyw weledigaeth fawr oedd gen i wedi dechrau pylu canys fûm i erioed yn berchen ar hylltod o beth felly. Ceisio egluro yr ydw i bod fy ngolwg i wedi dechrau gwanio rhyw gymaint a hynny ar waetha'r ffaith fod gen i lamp drydan o gryfder can wat yn serennu dros fy ysgwydd mewn ymdrech ddigon seithug yn aml i erlid unrhyw niwlio ac aneglurder pan fyddaf â chyfrol neu bapur newydd o'm blaen yn ceisio'u darllen.

Ac unwaith y crybwyllais y peth wrth awdurdod uwch yn y tŷ acw dyna fy nghertio'n syth at Rook & Thomas yn Heol yr Wyddfa.

"Oes, mae 'na ddirywiad bychan wedi digwydd ers pan oeddech chi yma flwyddyn dda yn ôl," meddwyd wrthyf, "dim i bryderu yn 'i gylch, cofiwch, oblegid mae pethau fel hyn i'w disgwyl dydyn. Hwyrach y byddai'n eithaf peth inni newid eich gwydrau chi. Wedi'r cwbl does yr un ohonom yn mynd gronyn fengach nac oes... 'rhen Anno Domini a ballu yntê..." Bla bla bla!

Allwn i lai na chytuno. Doedd gen i 'run dewis prun bynnag. A ches i fawr o newid o gant a phymtheg a thrigain o bunnoedd am fy nhrafferth. Nid 'mod i'n gweld cystal â'r un gath eto chwaith er bod y gwydrau newydd yn rhyw gymaint o gaffaeliad; ond y mae'r lamp drydan dros fy ysgwydd yn dal i fod yn gymorth parod a chyfamserol a chwbl angenrheidiol wrth i mi geisio rhoi pin ar bapur ambell dro fel hyn. Bendith arni – hi a'i chan wat.

Ac onid canmol yn awr y gwŷr enwog, yr arloeswyr a fraenarodd y tir er ffrwyno grymoedd mor bwerus ym myd natur er ein gwasanaeth, yw rhesymol ddyletswydd dyn? Dyna Thales o Filetus oddeutu 600 cc i ddechrau cychwyn. Roedd ef wedi codi'n gynt na'r un ohonynt ac yn un o seithwyr doeth yr hen fyd. Fo, os gwir y dystiolaeth, oedd y cyntaf i biltran â'r darganfyddiad. Eithr piltran yn unig a wnaeth a bu raid aros am ddwy fil o flynyddoedd a rhagor cyn i'r sglaig Gilbert o Colchester fynd gam ymhellach a mentro i'r wasg i draethu yn ei *De Magnete* ar alluoedd trydanol. Fo hefyd biau'r clod am fathu'r gair *electric*. Ac nac anghofier chwaith gyfraniad yr Hybarch Otto von Guericke, symteim faer Magdeburg oddeutu 1672. Roedd yntau â bys yn y brwas rywle. Oes yn wir mae arnom gryn ddyled i'r cyfryw rai. Er nad oeddwn i'n bersonol, gwaetha'r modd, ddim yn bresennol yn y cyfarfod hwnnw yn 1806 pan gyflwynodd Humphry Davy ei arbrofion o flaen y Gymdeithas Frenhinol yn Llundain. Bendith ar ei ben yntau. Mae ein diolch yn ddifesur iddo am yr 'Wy'. Hwynt hwy oll a lafuriasant cyn i Thomas Edison yn 1879 fynd i mewn i'w llafur hwy i roi cam bras terfynol. Y wyrth a gyflawnodd ef oedd llwyddo'n ddeheuig dros ben i beri i drydan lifo drwy wifren gopr i mewn i fwlb lle treiddiai wedyn drwy ffilament o ddwy wifren garbon, a'r carbon yn ei dro yn poethi cymaint nes pelydru golau; a chan fod gwactod yn y bwlb hwnnw nid oedd y carbon yn llosgi i ffwrdd mor gyflym ag y gwnâi yn yr awyr agored. Swm y cyfan a glybuwyd oedd fod trydan yn goleuo strydoedd Efrog Newydd erbyn 1900. Eu henwau oll yn pererogli sydd.

Eithr tra bod yr holl ddatblygiadau newydd a chyffrous hynny yn digwydd yn y byd mawr y tu allan dim ond goleuni'r lleuad a'r sêr ar nosau digwmwl a gadwai drueiniaid Ynys Môn rhag gorfod rhodio yn y tywyllwch, hynny yw cyn dyddiau'r canhwyllau gwêr, y lampau paraffîn a'r nwy calor, yn arbennig felly mewn ardaloedd anghysbell. Rhad ar y rhai darllengar bryd hynny wedi i'r haul fachlud. Mewn golau mor egwan nid rhyfedd i filoedd wneud dirfawr niwed i'w golwg.

Ond erbyn blynyddoedd cynnar y ganrif ddiwethaf roedd golau trydan yn foethusrwydd a gâi ei fwynhau ar ambell aelwyd go siléct hyd yn oed ar Ynys Môn hithau. Dyna gartref y Cyrnol a'r Parchedig Ddoctor John Williams o Frynsiencyn fel enghraifft. Oddeutu 1906 fe ymddiswyddodd ef o'i ofalaeth yn Prince's Rd, Lerpwl er mwyn dychwelyd i Fôn canys yr oedd cyflawni gwaith gweinidog llwyddiannus a phregethwr poblogaidd yr oedd cymaint o alw am ei wasanaeth wedi mynd ymron yn drech nag ef.

Ymsefydlodd gyda'i deulu mewn tŷ braf ar gyrion Brynsiencyn gyda'i olygfeydd mawreddog o'r Fenai ac Eryri. Yn wir, Llwyn Idris oedd un o'r tai cyntaf ar yr ynys i'w oleuo yn y fath fodd. John Williams hefyd, fel roedd pethau'n digwydd bod, oedd un o'r rhai cyntaf yn y sir i fod yn berchen car modur. Ond os gwir y sôn – er ei bod yn anodd credu'r peth rywsut – roedd yn rhy swil i'w ddefnyddio'n rhy aml, yn enwedig wrth gyrchu i Gyfarfod Misol, dyweder, rhag i hynny, chwedl yntau, "greu gagendor rhyngddo ef a brodyr llai ffodus yn y weinidogaeth".

Doedd o fawr o ddreifar chwaith (er mai prin bod hawl gen i o bawb i osod fy llinyn mesur ar ddreifio unrhyw un!). Bu'r unwaith y bu wrth lyw y cerbyd yn ddigon i'r union gerbyd hwnnw druan fynd o ganol y ffordd i ben y clawdd! Er na ddeallais i'n union pa fath o gerbyd oedd hwnnw chwaith. Un peth y gellir bod yn weddol sicr yn ei gylch oedd nad Mini mohono. Nid dyn Mini oedd y Cyrnol a'r Parchedig Ddoctor o Frynsiencyn rywsut. Yn wir mae'n debyg na fu erioed weinidog Ymneilltuol â chymaint o gysuron bydol o'i gwmpas. Pa ryfedd felly i ryw hen chwaer yn wawdlyd reit ddyfarnu'n ddiflewyn-ar-dafod un tro nad pregethwr cyffredin mohono eithr *retired Christian*!

Ond am Lwyn Idris a'i drydan yr oeddwn i'n traethu. Pa

ryfedd felly, â chymaint o oleuni wrth ei wasanaeth, iddo gynhyrchu cymaint o bregethau mor rymus ac ymboeni'n llafurus i ddarllen popeth y gallai gael gafael arno ar gyfer paratoi Darlith Davies ar *Athrawiaeth yr Iawn* a draddodwyd ganddo yn y Gymanfa Gyffredinol a gynhaliwyd yn y Port acw ychydig cyn ei farw yn 1921.

Eithr druan ohonom yng ngogledd yr hen sir. Bu raid aros am hanner canrif hir arall cyn y gallai trigolion pentref bychan Carreg-lefn fwynhau'r cyfleusterau hynny. Yn wir, roedd hi'n ganol y pum degau a dyn yn paratoi i anfon lloerennau i'r gofod cyn i ni gael gwared â'n lampau paraffîn. Ac at hynny y bwriadwn i ddod oni bai 'mod i wedi crwydro cyhyd. Choelia i fyth yr un pryd na fydd dyn wedi hen lanio ar blaned Mawrth cyn y ceir cynllun carthffosiaeth wedi ei gysylltu â'r hen ardal. Pawb â'i drefniant preifat ei hun ydi hi yno ar hyn o bryd beth bynnag, er mai stori arall ydyw honno.

Canol y pum degau oedd hi, ninnau'r brodorion wedi bod yn edrych ymlaen yn eiddgar ers misoedd at yr achlysur. Nid bod unrhyw ŵr neu wraig enwog, dyweder, wedi ei wahodd i roi bys ar y botwm ar y noson fawr chwaith ac i gyhoeddi 'Bydded goleuni'. Ond goleuni o'r diwedd a fu a hwnnw'n un mor llachar – o leia o'i gymharu â'r hanner gwyll tragwyddol y trigem ynddo gynt – fel yr achoswyd cur pen go egar i ambell un oedd â llygaid go weinion.

"Rargoledig! Ma hi cystal os nad gwell na'r Blac Pŵl hwnnw unrhyw adeg yma…" sylwodd Dic Pylla Budron, "er na fûm i 'rioed ar gyfyl y cythril lle yn f'oes chwaith. Lle'n union dywad i mi, yr hen Wil, ma'r Blac Pŵl hwnnw? Mi fydd raid iddyn nhwtha wylio'u trwmbal bellach, decini…"

Cyn i mi gael cyfle i'w ateb ymsythodd Eban Cae Rhun i'w lawn dwf ac wedi iddo ollwng poeriad cwta drwy'i ddannedd prysurodd i gau bwlch go enfawr yng ngwybodaeth ddaearyddol y Pylla Budron.

"Yn y topia 'na sti, Dic, ryw gwta dair milltir fel yr hed y frân o Sgotland fan 'na. Dyna Blac Pŵl i ti."

"Taw di, Eban."

"Lle da am ferchaid achan."

"Dy drystio di, yr hen gi. Pryd buost ti yno felly?"

"Fûm i ddim yno neno'r trugaradd... clywad Huw 'Refail yn deud pan ddaeth o adra o'r armi wnes i. Roedd 'rhen Huw wedi crwydro peth coblyn."

"Oedd, doedd?"

"Mi fasa'n eitha peth i ni neud trip i'r Blac Pŵl 'na ryw ddiwrnod. Biti 'i fod o mor bell rwsut er mai cythru i'r fan yma y bydd pobol bellach mi gei di weld ac nid i fan 'no... ffaith i ti."

Goleuni a allai gystadlu'n rhwydd â goleudy'r Skerries ar Ynysoedd y Moelrhoniaid dair milltir i ffwrdd oedd o i Edwin Sgubor wedyn.

"Fydd dim angan leitows bellach wchi lats," dadleuai, "mi fydd gola'r hen le 'ma siŵr Dduw o gadw unrhyw long rhag mynd ar y creigia. Syrtan i chi. Ac y mae gin inna dair lamp baraffîn wertha i am grocbris i'r hen ddyn antîcs pan ddaw o ar 'i rownd nesa. Fydda i ddim mo'u hisio nhw bellach."

"Paid â bod yn blincin ffŵl," cynghorodd rhywun fymryn mwy pwyllog, "be fasa gin ti wedyn taet ti'n cael cỳt?"

"Cỳt? Pa gỳt?"

"Toriad yn y syplei, y penci."

"Sôn am gysurwr Job wir..." arthiodd Edwin yn ôl, "dwyt ti 'rioed yn sôn am hen beth felly'n barod? Does dim hannar awr ers pan ydan ni wedi ca'l y bali peth. Sens o rwla."

Bu gweithio caled ar y switsys hyd berfeddion nos wrth i'r golau gael ei roi ymlaen yna ei ddiffodd drachefn a thrachefn ym mhob cartre er mwyn cael sicrwydd fod y ddyfais wyrthiol, eithriadol hwylus newydd yn perfformio'n ôl y disgwyl. Nid rhyfedd fod sawl bwlb wedi diffygio a ffiwsio hyd yn oed cyn bore trannoeth!

"Mi rydan ni wedi rhoi bylb hyndryd wats yn y shianti acw..." ymffrostiai Now Cae Pella, "mae'r gola mor llachar yn 'n cegin ni fel 'i bod hi jyst yn bosib gweld y tu mewn i gorun unrhyw un sy'n sefyll dano."

"Does dim ond gwactar i'w weld yn 'i gorun o beth bynnag," ebychodd Jac Rhyd Felin o dan ei wynt.

Yr unig un i fod yn llai brwdfrydig oedd Wmffra Tyddyn Buarth. Rhyw dueddu i ladd ar y cyflenwad newydd yr oedd o. Nid yn gymaint hwyrach ar ei ran o ei hun eithr ar ran ei wraig.

"Mae'r Misus acw wedi ei thaflu yn o arw gan yr hen beth," cwynodd ymhen rhyw dridiau yn y Post wrth fynd i nôl ei bapur. "Ma ganddi rial blys syrthio'n ôl ar yr hen baraffîn wchi, hitha 'rhen graduras wedi edrach ymlaen cymaint at y *switch on* wchi."

"Cato pawb!" gwaredodd y Postfeistr.

"Teimlo ma hi bod 'na duedd go sownd ynddo i ddangos gormod o wendida achos ma hi wedi gweld llwch y dyddia dwytha 'ma mewn manna na freuddwydiodd hi yn ei hoes y byddai'r un llwchyn yn cael cyfla i lechu. Hitha'n un mor barticilar 'dach chi'n dallt."

"Tewch da chi."

"Ia wir ionadd, fachgian. Gwaeth na hynny wedyn a hitha mor fodist a phrowd yntê oedd cael andros o sioc pan edrychodd arni ei hun yn y *glass* ar ffrynt y wardrob acw a sylwi, yn wir yn methu'n lân loyw â dirnad pam yr oedd cymaint o hen rycha wedi ymddangos mor sydyn yng nghilfacha 'i dau lygad hi – ac yn enwedig 'i gwddw hi druan. Doeddan nhw ddim yno'r wsnos cynt wchi... heb sôn am y rincyls mewn sawl man arall. Doedd y rheini ddim yno o'r blaen chwaith... ac yr ydw inna'n ddigon parod i dderbyn 'i gair hi."

Allai gŵr y Post yn ei fawr ddoethineb wneud dim namyn porthi'n dosturiol.

"Felly! Felly wir! Rhyfadd yntê. Rhyfadd ofnatsan las."

"Dim ond i chi ddal 'ch gafal yn y tanc paraffîn 'na, Jôs," siarsiodd Wmffra ymhellach, "synnwn i damad na fydda i ar 'ch gofyn chi am alwyn neu ddau eto cyn bod fawr hŷn..." a chan ei gwneud hi'n ddigon tinfain am adre.

Do, fe aeth hanner can mlynedd heibio ers hynny. A does dim angen na thrydan na lamp baraffîn na channwyll wêr na dim oll at wasanaeth Wmffra Tyddyn Buarth na Hannah ei wraig bellach. Er na ches i'n bersonol fawr o achos erioed i leisio cwyn yn erbyn dyfais mor eithriadol hwylus. Ac eithrio hwyrach y gost o'i chynnal. Mae'r biliau cynyddol wedi mynd i'w crogi bellach. Ond â'm golwg yn rhyw ddechrau pylu fel hyn rwy'n arswydo o feddwl beth wnawn i heb y lamp dros fy ysgwydd, heb y moethau anghyfrif eraill, heb ei dân a'i wres, heb y teli yn y gornel, heb bopeth yr wyf bellach yn eu cymryd mor ganiataol.

I Thales o Filetus felly, i Gilbert o Colchester, i Otto von Guericke, i Humphry Davy, i Thomas Edison a'u siort, i'r cyfan o'r arloeswyr cynnar yn y maes, fe roddwn fawr glod. Nid eu bai nhw wedi'r cwbl oedd fod y ddyfais a ddaeth â chymaint o les i'r ddynoliaeth wedi bod mor hwyrfrydig yn cyrraedd pentref bychan Carreg-lefn. Er mai cyrraedd wnaeth hi, os gwell hwyr na hwyrach, gan ddod â chymaint o gysuron i bawb yn ei sgil – i bawb hynny yw ac eithrio hwyrach i Hannah, gwraig Wmffra Tyddyn Buarth.

Ond tybed, fe fentrir gofyn, pwy fydd yn ennill y ras nesa? Ai dyn fydd yn glanio ar blaned Mawrth ynteu a fydd cynllun carthffosiaeth wedi ennill y blaen arno ac wedi dod â'i fendithion i hen ardal fy mebyd? O gofio trafferthion dyrys Cyngor Ynys Môn y dwthwn hwn fe rown i fy arian ar gyrraedd planed Mawrth! Nid bod y naill na'r llall yn debyg o ddigwydd o fewn y can mlynedd nesaf chwaith. Pa ddiben gan hynny sydd mewn dyfalu canys nid yw'n debygol y bydd yr un gopa walltog ohonom ar gael i fod yn dyst i'r peth prun bynnag.

Llundain:
Gŵyl Prydain 1951
Cofnodion dyddiadurwr

RWY'N OFNI UNWAITH ETO bod yr hen ysfa ffôl o fynnu dal fy ngafael mewn pethau diwerth wedi bod yn rhan ohonof erioed, nes bod erbyn hyn yr amrywiaeth rhyfedda o 'nialwch wedi casglu ymhob twll a chornel o'r tŷ acw. Pethau nad ydynt yn dda i fawr ddim i neb bellach, llai fyth o ddiddordeb i'r un creadur arall onid hwyrach i mi. Rhad ar y plant acw rhyw ddydd pan ddaw hi'n amser iddynt gael gwared â'r cyfan. Bydd y sgip yn aros yn eiddgar amdanynt ar ymyl y lôn.

Un enghraifft yw'r bwndel o bapurach a ddaeth i'r fei yn gwbl ddamweiniol yn ddiweddar wrth fy mod i – fel sy'n digwydd ambell dro – yn chwilio am rywbeth arall. Bwndel yn ymwneud â'r trip cofiadwy o wythnos gyfan i Ŵyl Prydain yn 1951 a drefnwyd ar gyfer oddeutu deg ar hugain ohonom, cyn-ddisgyblion yr hen Neuadd Goffa oedd newydd symud ychydig fisoedd ynghynt – onid wyf yn cyfeiliorni'n ddifrifol – i'r newydd-anedig Ysgol Syr Thomas Jones. Yn wir, roeddem yn sgut am gyrchu ar dripiau o Ysgol Amlwch bryd hynny. Doedd dim ond blwyddyn ers pan fuom yng Nghaerdydd, ac ymhen blwyddyn arall, yn 1952, caem ehangu'n gorwelion ymhellach wrth dreulio bron i bythefnos ym Mharis.

Bu hen edrych ymlaen at y daith honno i Lundain, ninnau ers wythnosau wedi dod â choron i'r ysgol yn selog bob bore Gwener i arbed clec fwy o orfod talu'r treuliau'n llawn mewn un lwmp swm fel petai. Os cofiaf yn iawn, credaf mai rhywbeth oddeutu decpunt, rhwng popeth, oedd y ddamej.

Cyflog digon bychan wedi'r cwbl gâi 'Nhad fel gwas ffarm yn Llanol ac fe olygai gryn aberth i'm rhieni 'mod i'n cael ymuno â'r daith o gwbl. Doedd dim amdani felly, fel yn achos rhai eraill o'm cymrodyr, ond talu fesul tipyn!

Nawr, cyn i ni gychwyn ar yr antur fawr honno roedd Huw Rees Ellis, y dirprwy brifathro a'r prif drefnydd, wedi cyhoeddi y bwriedid cynnal cystadleuaeth ac y byddai gwobr hael i'w hennill am y dyddiadur gorau a groniclai holl ddigwyddiadau'r wythnos arfaethedig. Yr un pryd byddid yn cynnig gwobr, yr un mor hael, i'r sawl a gyflwynai'r casgliad gorau o luniau o'r achlysur.

Ni chredaf er hynny i'r un o'r ddwy gystadleuaeth fod yn y diwedd yn od o ffyrnig canys dim ond rhyw ddyrnaid ohonom a fentrodd anfon cynnyrch i gael ei gloriannu. Ond chwarae teg fe wnes i fy ngorau. Bûm yn hynod ddiwyd efo'r bocs camera bach digon cyntefig oedd gen i wrth geisio rhoi ar gof a chadw ambell ddigwyddiad neu olygfa. Bûm yr un mor ymdrechgar a chydwybodol – eithr eto heb ddisgleirio – fel dyddiadurwr. A phan bwyswyd fy nhipyn ymdrech yng nghlorian rhyw lymbar o feirniad dienw, unllygeidiog a diweledigaeth, ni'm gosodwyd mewn safle uchel o gwbl. Y trydydd oedd Sam!

Ond dyna un o'r eitemau – y dyddiadur colledig ac anghofiedig deunaw tudalen hwnnw – a ddaeth i'r golwg yn ddiweddar wrth i mi ffowla o gwmpas y tŷ acw yn chwilio am rywbeth arall. A bu darllen am antur fawr y Dic Whittington pymtheg oed, di-gath hwnnw yn achos dirfawr embaras i'r henadur penwyn ag ydyw heddiw gan beri ei fod droeon yn gwrido 'dat fonau ei glustiau.

Creder neu beidio – er nad yw hynny hwyrach fawr o syndod o gofio'r cyfnod – fe'i lluniwyd mewn Saesneg crand. Hynny yw y coetha a'r crandia y gallai pathaw o Garreg-lefn ei gynhyrchu ar y pryd felly! Ystyrier, bendith y Tad, y paragraff agoriadol sy'n byrlymu gan adolesens ac sy'n cychwyn drwy ddyfynnu geiriau ryw ŵr doeth anhysbys:

Remembrance is the only paradise
Out of which we cannot be driven...

cyn mynd rhagddof i rethregu fel a ganlyn: 'We visited London this year and the memory of that very enjoyable trip will always be treasured in our gallery of memories as being one of our most precious possessions.' Y fath ryddiaith gain a thelynegol! Ac yr wy'n mentro gofyn yn enw pob rheswm, tybed a allai rhai o feistri'r canrifoedd – Dickens, Austen, Galsworthy, Hardy – ragori ar agoriad fel yna? A chofier, yr un pryd, mai ail iaith oedd y Saesneg i'r dyddiadurwr. Digon yn ogystal i beri i rai fel Samuel Pepys a'r Doctor Johnson, hyd yn oed Francis Kilvert, droi yn eu beddau mewn dirfawr gywilydd am na allent fyth obeithio cystadlu ar lefel mor aruchel! Er mai yn ddim ond trydydd, nac anghofier, y'm gosodwyd druan. Ond wele ambell ddyfyniad o'r campwaith honedig.

Dydd Llun, 16 Gorffennaf

Afraid dweud na chysgwyd rhyw lawer y noson cynt. Ann Tŷ Capel (Ann Allen heddiw), Denise Fiddler (tybed beth ddaeth ohoni hi?), Gareth Ciaffi a minnau yn ymuno â'r trên yng ngorsaf Rhos-goch wrth i hogiau Amlwch â'u pennau allan o'r ffenestri ein gwahodd atynt.

Un o'r athrawesau a ofalai amdanom – neu hwyrach y byddai'n gywirach nodi mai ni ofalai amdani hi – oedd Miss Jôs (Awena) Welsh.

Ym Mangor yr ymunodd hi â'r criw a dyma dystiolaeth y dyddiadur: 'Miss Jones was very gay as usual [ansoddair braidd yn anffodus y dwthwn hwn efallai!], the girls murmuring how nice she looked in her brown costume and in her white sort of hat.' Brenin trugaredd! Het a phopeth. Trendi dros ben felly. Cyfarfod â Iolo Ffrancis Roberts yn Euston. Roedd o wedi sicrhau bod bws yn aros amdanom i'n cyrchu i westy'r Three Stars yn Ne Kensington nid nepell o orsaf tiwb Gloucester Road. Roedd Iolo wedi treulio tair blynedd yn athro yn y Fabilon fawr honno a chaem yr argraff ei fod yn gwybod am y lle fel cefn ei law. Mantais arall erbyn hynny, â chyfyngiadau cyfnod wedi'r rhyfel yn graddol ddod i ben, oedd yr wybodaeth ar y daflen am fanylion y daith a gyflwynwyd i bob un ohonom cyn cychwyn 'that no ration books or emergency cards will be required although towels will not be provided by the hotel'.

Doedd dim amser i ddadluddedu ar ôl ein pryd bwyd canys ffwrdd â ni hogiau'r wlad yn syth i ryfeddu'n safnrhwth ar rai o olygfeydd enwog y ddinas – Palas Buckingham, Big Ben, Sgwâr Trafalgar a goleuadau llachar y South Bank. Roedd hi'n dipyn mwy swnllyd yno nag yn ein pentre ni, barnwyd, hyd yn oed nag yn Amlwch ar nos Sadwrn. Efo Bob Jôs y rhannwn i ystafell (tybed beth ddaeth ohono yntau?) a buom yn trafod digwyddiadau'r dydd tan yr oriau mân.

Dydd Mawrth, 17 Gorffennaf

Wedi brecwast cynnar roeddem ar drot eilwaith i leibio mwy o ryfeddodau i'n cyfansoddiadau. Mymryn yn siomedig oedd y dyddiadurwr yn rhif deg Stryd Downing. Meddwyd, heb flewyn ar dafod, 'The house at Number 10 was only a common very ordinary one. We had expected to see something palatial. We compared it to our own homes and found it not very superior to them.' Ond tybed? Roedd yn dipyn mwy na Pengraig beth bynnag.

Eithr nid dyna'r farn am Abaty Westminster. Cytunwyd, os peth yn grintachlyd, fod yr adeilad hwnnw yn un digon ysblennydd er mai brawddeg go ryfedd yw honno sy'n datgan: 'We saw the tombs of Pitt and many other world famous people who were dead.' Siŵr iawn eu bod yn farw. Prin y byddai'r creaduriaid druan wedi eu claddu'n fyw yno!

Doedd aelod seneddol Môn, y Fonesig Megan Lloyd George, ddim ar gael y diwrnod hwnnw i'n harwain o gwmpas Tŷ'r Cyffredin er y caed addewid y byddai'n estyn croeso i ni rywbryd yn ddiweddarach yn ystod yr wythnos.

'Rôl cael ein harwain gan dywysydd drwy gynteddau y ddau Dŷ, y naill efo'i feinciau lledr gwyrdd a'r llall â'i rai cochion, dyfarnwyd ein bod yn 'greatly impressed' a chyda'r geiriau eitha proffwydol canlynol yn cael eu hychwanegu: 'Who knows, maybe one of us will sit as a member on one of these benches one day.' Ac oni wireddwyd y broffwydoliaeth, er nad oeddem i wybod ar y pryd y byddai un ohonom, Wil Cae Syr Rhys (William Edwards), yn cael ei ethol yn aelod seneddol dros Feirionnydd ymhen rhai blynyddoedd. (Ni thybiaf fod Wil efo ni yn Llundain, ond byddai'n ymuno ar y daith i Baris y flwyddyn ddilynol.)

Cyn gadael bu raid inni sefyll ar un o'r terasau i ffotograffydd papur newydd a ymddangosodd o rywle dynnu llun y criw yn larts i gyd efo'i gilydd. Fe gyhoeddwyd y llun hwnnw yn *Y Cymro* yr wythnos wedyn.

I'r sŵ ym Mharc Regent y cyrchwyd yn ystod y prynhawn – grŵp o bedwar ffodus ohonom dan ofal Awena Jôs. A'r fath sbort a gaed yn ei chwmni. Er na allai'r dyddiadurwr ddim ymatal rhag cynnwys y sylw awgrymog, onid brathog, canlynol: 'When we entered the monkey house, Miss Jones shouted "Oh! How lovely" on top of her voice and we were greatly puzzled because we did not know why she was so affectionate towards those creatures – perhaps it was some sort of fellow feeling on account of the close resemblance between the monkeys and some of us human beings. However she did not reveal her secret!'

Treuliwyd y min nos yn theatr y Garrick yn gweld y Richard Attenborough ifanc, ifanc a Sheila Sim yn perfformio'r gomedi *To Dorothy, a Son* gan Roger MacDougall. A hwnnw'n fwynhad pur. Mae'r rhaglen, a gostiodd chwe cheiniog i mi, wedi goroesi hyd yn oed os yw wedi melynu peth hylltod bellach. Un o'r hysbysebion ar un o'i thudalennau yw honno sy'n canu clodydd atgyfnerthol glasiad o Ofaltîn. Doedd undim gwell, fe haerwyd, i sicrhau 'sleep and morning freshness'.

Wrth ddychwelyd yn y tiwb i'r gwesty y cafodd trŵps y werin y profiad cyntaf erioed o esgyn ar *escalator*. Doedd undim tebyg yn Sir Fôn drwyddi draw – er na fu raid wrth gwpanaid o Ofaltîn cyn mynd i glwydo chwaith. Roeddem wedi llwyr ymlâdd.

Dydd Mercher, 18 Gorffennaf
Diwrnod hynod brysur arall wrth inni ymweld ag arddangosfa Gŵyl Prydain ar y South Bank. Prif thema'r ŵyl oedd Prydain: ei gorffennol, ei phresennol a'i dyfodol. A chaed blas a phrofiad o'r tair agwedd, er mai'r Skylon a'r Gromen Ddarganfod, sef y Dome of Discovery, oedd y ddau brif atyniad. Y gromen hynod honno, fe haerwyd, a chyda llawer o gyfiawnhad debygem ni, oedd wythfed rhyfeddod yr holl fyd, er nad oeddem wedi gweld yr un o'r saith arall wrth reswm. Amser a ballai i restru ei holl ryfeddodau. Bron nad oedd ein gallu i ryfeddu wedi ei lwyr ddihysbyddu, a braf ar derfyn dydd fu cael ymlacio yn theatr awyr agored Parc Sant James i fwynhau perfformiad o *Breuddwyd Noswyl Ifan*, eiddo rhywun o'r enw William Shakespeare, hen frawd y bu imi'n llawer diweddarach gyrchu ddwsinau o weithiau i'w dref enedigol i weld llawer rhagor o'i weithiau'n cael eu perfformio.

Dydd Iau, 19 Gorffennaf
Tŵr Llundain oedd man cychwyn ein crwydriadau fore heddiw a dyna lle buom, ymhlith llu o bethau eraill, yn pwyso tlysau'r goron yn ein clorian, a cheisio dirnad yr un pryd pa wahaniaeth, os o gwbl, oedd 'na rhwng coron brenin Prydain

Fawr ac un brenhines carnifal Amlwch. Y farn gyffredin oedd mai digon tebyg oedd y ddwy!

Am weddill y bore buom yn edmygu campwaith pensaernïol Christopher Wren yn Eglwys Gadeiriol Sant Paul cyn disgyn ohonom yn wancus am ginio mewn Tŷ Cornel cwmni Lyon ar Tottenham Court Road. I hogiau ar eu cythlwng roedd yr arlwy yno'n fwy na derbyniol.

Hobnobio efo mawrion byd ac eglwys, brenhinoedd, breninesau, gwleidyddion, sêr y sgrin, arwyr byd adloniant a chwaraeon – hyd yn oed ambell ddrwgweithredwr yn cynnwys y Doctor Crippen, neb llai – y buom weddill y pnawn ym mharlyrau Madame Tussaud cyn ei gorffen hi ar derfyn dydd yn theatr Criterion ar Sgwâr Picadili i weld perfformiad wedi ei gyfarwyddo gan Anthony Quayle o *Who is Sylvia?* gan Terence Rattigan. Mae rhaglen y perfformiad hwnnw hefyd wedi goroesi. Chostiodd hwnnw ddim ond tair ceiniog. Amgenach bargen nag un y Garrick.

Dydd Gwener, 20 Gorffennaf

Yn dilyn egwyl yn yr Amgueddfa Wyddoniaeth i ffwrdd â ni i gyfarfod Ledi Megan yn ei fflat. Roedd digon o gacennau, hufen iâ a sudd oren wedi ei arlwyo ar ein cyfer a chawsom ein cyflwyno iddi fesul un a chanddi hithau ryw sylw pwrpasol i'w gynnig fel yr ysgydwem law. Buom yno am oddeutu awr cyn i Gareth Ciaffi a Blodwen, Aber Môr, Cemaes gynnig pleidlais o ddiolch iddi am ei chroeso. Sylw'r dyddiadurwr ar derfyn yr ymweliad oedd 'Nearly all of us by the end of the visit had become staunch Liberals.' Beth ddigwyddodd wedi iddi gael cweir gan Cledwyn Hughes a throi ei chôt yn ddiweddarach gan ymuno â'r Blaid Lafur sy'n gwestiwn.

Wedi cinio, tra bod y merched yn siopio, fe aeth wyth ohonom ni'r bechgyn yng nghwmni Richard Jones, yr athro Ffiseg, i faes Thomas Lord i weld prynhawn ola'r ornest griced rhwng y Gentlemen a'r Players. Cewri oedd ar y ddaear yr adeg honno gyda Tom Graveney, Len Hutton, Godfrey

Evans a Brian Statham yn chwarae i'r naill ochr tra bod D S
Sheppard, esgob Lerpwl wedi hynny, W J Edrich, Peter May a
Norman Yardley yn aelodau o'r llall. A dyna'r tro cynta erioed
– yr unig dro fel roedd hi'n digwydd – y cefais y fraint o weld
fy arwr mawr, bôi y Brylcreem, Denis Charles Scott Compton,
yn batio. Sôn am wefr! A'r fath derfyn mor hynod gyffrous a
fu i'r gêm gyda'r Players yn cario'r dydd â dim ond tri munud
o amser yn weddill.

Mwynhau miri'r ffair yng Ngerddi Pleser Battersea, dyna
fu'n hanes ar y noson olaf, cyn ei gorffen hi ar daith ar ryw
fath o gwch pleser ar afon Tafwys.

Fe'n gwahoddwyd gan y capten i'r dec uchaf i ganu
unrhyw gân o'n dewis yn y Gymraeg. Yn dra anewyllysgar
y cydymffurfiwyd â'r cais hwnnw mae'n wir ac ni chofiaf
heddiw pa gân a ddewiswyd gennym er bod Richard Jones
yn tynnu arnom wedi'r perfformiad gan ddadlau y bu ond
y dim iddo ef ei fwrw ei hun dros y bwrdd mewn dirfawr
embaras gan na chlywsai undim mwy ansoniarus yn ei holl
fywyd! A hwyrach ei fod yn llygad ei le. O leia ni chynigiwyd
yr un encôr inni.

* * * * *

Gwawriodd bore Sadwrn, 21 Gorffennaf. Ond doedd yr
un ohonom yn siriol wenu. Trist a distaw fu'r ymgynnull i
frecwast a thra oeddem yn disgwyl y bws i'n cludo i orsaf
Euston. Eithr ym mharagraff olaf y dyddiadur ceir y sylw
canlynol: 'But if we had stayed in London for a month, I'm
sure we would be desiring to come home. The country is
much better than the town.' Wrth gwrs fod byw yn y wlad yn
tra rhagori.

Bonws a chysur ychwanegol yr un pryd oedd cofnod olaf
un y campwaith: 'Mr Ellis announced at breakfast that he did
not have any trouble with any one of us and that we had been
a very happy crowd together during the whole week.' Neb,

felly, fel y digwyddai mae'n eitha siŵr ar drip ambell ysgol y dwthwn hwn, wedi bod yn ymhél ag alcohol neu'n arbrofi mewn unrhyw ddull nac mewn unrhyw fodd â chyffuriau. Nid mai angylion bach cwbl berffaith oeddem ninnau chwaith, cofier, canys pwy, wedi'r cwbl, a fyddai'n gwarafun i rai o blith yr hogiau mawr yn ystod yr wythnos honno fanteisio ar gyfle i danio wdbein yn y closet ambell dro?

* * * * *

Yn ddiweddar bûm yn darllen hunangofiant difyr Michael Parkinson er mai peth syndod oedd darllen ei farn ddiflewyn-ar-dafod ef am yr addysg a dderbyniodd yn hogyn yn Ysgol Ramadeg Barnsley yn Swydd Efrog. Tueddu i edrych yn ôl mewn dicter a wnâi gan haeru iddo gael cymaint o werth o'r addysg honno ag a gafodd unrhyw gwningen o glwy micsomatosis!

Yn sicr nid dyna 'mhrofiad i yn Ysgol Amlwch. Nid bod pethau'n berffaith yno o bell ffordd ond nid ei bai hi oedd na ddisgleiriais i yn academaidd yn ystod fy ngyrfa ddigon cyffredin yno. Eto i gyd fe fydda i'n dragwyddol ddiolchgar am y profiadau er ehangu gorwelion a gawsom yno yn ystod pum degau cynnar y ganrif ddiwethaf; profiadau a ddangosodd o leia i mi nad oedd yr haul yn codi ac yn machlud rownd y rîl yn Garreg-lefn.

Ac er mai trydydd go sâl oeddwn i yn y gystadleuaeth am sgwennu cofnod o'r wythnos gofiadwy honno a dreuliwyd yng Ngŵyl Prydain yn 1951, rwy'n eitha balch i mi ei ddiogelu mewn cornel lychlyd o atig cyn dod o hyd iddo'n ddiweddar, canys pan ddaeth i'r fei caed llawer o bleser yn pori ynddo.

Ond doedd hi'n biti er hynny, deudwch, 'mod i wedi cael dirfawr gam yn y gystadleuaeth!

Bob Bach

Digwydd dod o hyd i'w dystysgrif bedydd wnes i. Sut a phryd a pham y daeth i'w chynnwys ymhlith fy mhapurau i, does gen i 'run syniad. Onid hwyrach pan oeddem yn clirio a chael gwared â rhai trugareddau wrth chwalu'r hen gartre 'stalwm a 'mod i, ar funud gwan bryd hynny, wedi ei gosod o'r neilltu a'i harbed rhag ei bwrw ar y goelcerth.

Bob Owen, tystir

Ganwyd 1af Ionawr 1934 yn Pengraig, Carreg-lefn

Rhieni: Owen a Maggie Owen

Bedyddiwyd 22 Chwefror 1934 yn Bethlehem, Carreg-lefn

Gan R J Jones, Gweinidog yr Eglwys.

Ac yna, mewn print hynod fân ar y gwaelod,

Gadewch i blant bychain ddyfod ataf fi, ac na waherddwch iddynt
canys eiddo y cyfryw rai yw Teyrnas Dduw – Marc X:14.

Mae'n grair sy wedi melynu a breuo cryn dipyn erbyn heddiw a chyda darn o'r gornel waelod ar yr ochr chwith, ryw dro, wedi ei rwygo i ffwrdd.

Hyd y gwn i does yr un llun o Bob Bach ar gael. Mae'r dystysgrif bedydd yn dystiolaeth brin i'w fodolaeth. Seithmis go dda fu byw. Fe'i claddwyd ym mynwent Bethlehem ddechrau Awst yr un flwyddyn.

Ond petai wedi byw fe fyddai eleni (2010) yn un ar bymtheg a thrigain oed, yn hynafgwr llawn dyddiau, yn ŵr, yn dad, yn daid, o bosib yn hen-daid. Er nad oes yr un diben dyfalu pethau o'r fath chwaith. Y ffaith amdani yw na wnaeth o ddim. A dyna ben arni. Ond, oni bai am ei farwolaeth annhymig o, hwyrach – hwyrach ddywedir, cofier – na fuaswn i ddim yma i draethu fel hyn amdano heddiw; am frawd nad adnabûm erioed mohono ac eithrio'r sôn achlysurol amdano ymhlith aelodau'r teulu ar yr aelwyd yn yr hen gartre.

Bob yw'r enw a gofnodir ar ei dystysgrif bedydd, Bob hefyd ar ei garreg fedd a chlywais i undyn erioed yn cyfeirio ato fel Robert na Rhobat na Robin; a phan fyddai'n destun trafod ar yr aelwyd, nid fel Bob y cyfeirid ato chwaith – nid Bob yn gwbl foel fel hynny beth bynnag – eithr yn ddieithriad fel Bob Bach. Dyna'r Bob Bach a gollwyd yn faban, y Bob Bach, er bod dros bymtheng mlynedd a thrigain wedi mynd heibio ers achlysur trist ei ymadawiad, sy wedi aros yn seithmis o hyd.

Er holi ar dro, chlywais i neb chwaith yn egluro'n union pa afiechyd fu'n achos ei farwolaeth. Os gwir y sôn roedd wedi ei eni'n gwbl ddinam ac yn ystod yr wythnosau cyntaf beth bynnag dôi yn ei flaen fel lli'r afon, ys dywedir. A phan ddechreuodd glafychu ni ragwelai 'rhen Ddoctor Jôs yn Amlwch – y Syr Thomas yn ddiweddarach – bod fawr i bryderu yn ei gylch.

"Mi all gwynt achosi cyffylshiwns ambell dro wchi, Magi," eglurai, "raid i chi ddim poeni gormod ynghylch y mymryn. Rhowch ddigon o ddŵr greip iddo ac mi fflonshith drwyddo..."

Ei ddeiagnosis dro arall oedd mai "hel dannadd ma'r hogyn bach. Rhowch dridia iddo ac fe fydd rêl bôi..."

Na, doedd wiw gorymateb wedyn chwaith. Eithr dirywio'n enbyd wnaeth y cyflwr gan orfodi'r hen feddyg rhadlon yn y diwedd i gyfadde'n ddigon gonest nad oedd ganddo yntau chwaith fawr o syniad beth oedd yr achos. Soniwyd am ei symud i ysbyty yn Lerpwl ond erbyn hynny roedd hi braidd yn rhy hwyr a cholli'r dydd fu ei hanes druan.

Yng ngoleuni pethau heddiw dichon iddo gael dirfawr

gam am na chafodd y gofal meddygol angenrheidiol. Mae'n fwy na thebyg y byddai cwrs o gyffur a ystyrir bellach yn un digon cyffredin a didramgwydd wedi bod yn effeithiol ac yn gyfrwng i'w arbed. Eithr tri degau'r ganrif ddiwethaf oedd y rheini. Roedd o'n fyd tra gwahanol – un llawer prinnach ei gyfleusterau.

A mawr, mae'n ddiamau, fu'r alaeth ar ei ôl. Wedi'r cyfan prin fod chwerwach profedigaeth na'r un o golli plentyn na bod gwacter ac ysictod sydd i'w deimlo'n fwy ingol.

Ond pam tybed y bu i mi gynnau awgrymu y gallai ei ymadawiad ef mewn unrhyw ffordd fod wedi arwain i'm bodolaeth i? O leia dyna bosibilrwydd a'm trawodd dro'n ôl a minnau ar sgawt unwaith eto yn yr henfro, wedi troi i'r fynwent ac wrth bendroni uwch ei garreg fedd.

Roedd o wedi'i gladdu ddechrau Awst y flwyddyn y'i ganwyd, minnau wedi'm geni naw mis yn ddiweddarach ddiwedd Mai yr un ddilynol. A dyna sylweddoli 'mod i wedi 'nghenhedlu bron yn union yn ystod dyddiau'r brofedigaeth o'i golli, adeg pan oedd emosiynau fy rhieni yn gwbl ar chwâl. Marwolaeth y naill wedi bod yn achos peri cychwyn i fodolaeth y llall. Rhyfedd o fyd.

Ac fe fûm ambell dro yn rhyw geisio dirnad sut y byddai pethau wedi bod petaem ni'n dau wedi cael y cyfle i gyd-dyfu'n llanciau efo'n gilydd. Nid nad oedd gen i ddau frawd arall ond eu bod nhw ddeuddeng mlynedd a rhagor yn hŷn ac o'r herwydd wedi rhoi heibio eu pethau bachgennaidd.

Byddai dau o'r un oed wedi gallu tyfu'n wyllt efo'i gilydd ym mhonciau'r ardal ac wedi cydgyflawni y campau rhyfeddaf ynghyd â direidi 'rôl direidi. Byddent wedi crafangu'n rhyfygus i frigau uchaf yr hen sycamorwydden a dyfai yng nghae Pengraig, wedi cribinio'r twmpathau eithin a'r waliau cerrig am gwningod efo Fflos, wedi sbydu Cors 'Refail o wyau cornchwiglod, sgota'r brithyll ger y Felin Nant, cicio pêl ar gae'r Orsadd, chwarae cowbois yng ngwaelodion Llanol, rhwydo nicos yng ngardd Leusa Lewis, gwylltio bustych Dafydd Drum Rhedyn, wedi dadlau ac wedi ffraeo, wedi taeru, wedi herian, wedi cwffio, yn union fel bydd brodyr o'r un oed.

Yn ychwanegol at hynny fe fyddai'r ddau hogyn rheini wedi gorfod rhannu rhai hen ddyletswyddau digon diflas megis troi'r corddwr am oriau anghyfrif ar foreau Sadwrn tra bod plant eraill yn fawr eu hwyl yn chwarae lawr yn y pentre.

Byddent wedi gorfod o leia rannu'r penyd creulon a ddôi i ran yr hogyn bob wythnos o fynd ar draws y caeau efo pwys o fenyn cartre a llond piser o laeth enwyn i Dyddyn Creigiau, lle câi, yn gyson ddi-feth, ei sodro yno ar lawr y gegin ac, â'i gefn at y ddresar dderw, ei orfodi i ddweud adnod neu i restru tri phen pregeth y nos Sul flaenorol. Byddai hefyd wedi cael rhywun i rannu'r cystudd o gael ei gonsgriptio i hel cerrig yng Nghae Moch ar ddechrau bob gwanwyn neu o redeg yn wyllt i Siop Deck i nôl neges dri munud cyn amser cau.

Dim ond blwyddyn fyddai rhyngom yn yr ysgol uwchradd wedyn. Byddai ef wedi dechrau yno yn Amlwch un deuddeng mis o'm blaen i ac yn barod, gobeithio, i amddiffyn, i achub cam, o leia i gynghori ei frawd iau wrth iddo ef gychwyn ei yrfa yno.

A thybed beth fyddai wedi digwydd iddo ar derfyn ei ddyddiau ysgol? Ai wedi mynd i goleg? Pa alwedigaeth fyddai wedi ei dewis? Fyddai o wedi aros i fagu gwreiddiau yn ei hen ardal? Ai wedi croesi'r Bont i chwilio am borfeydd glasach rywle pellach? Beth petai hyn? Beth petai'r llall? Beth petai arall? Ond beth petai'r Wyddfa'n gaws? Ia, yn sicr, rhywbeth cwbl ddi-fudd yw dyfalu ofer fel yna. Y gwir amdani eto yw na wnaeth o ddim. Daeth popeth i ben ddechrau Awst 1934.

Ond, tra bod yr hen flynyddoedd 'ma'n medru gadael eu hôl yn o sownd arna i a'm siort wrth inni'n raddol heneiddio o ddydd i ddydd, nid felly fo. Caiff ef hyd dragwyddoldeb aros fel Bob Bach. 'Age shall not weary [him], nor the years condemn...' chwedl ryw ŵr doeth o Sais, er i'r un gwirionedd gael ei gyfleu cystal, yn wir onid yn llawer gwell – eto o'i dynnu o'i gyd-destun gwreiddiol – gan Thomas Gwynn Jones yn 'Gwlad y Bryniau':

> Iddo, trwy hyn, ni ddaw tranc,
> Heb ddiwedd y bydd ieuanc!

Igyl Pigyl

IGYL PIGYL MYN BRAIN! Hwyrach, a fynnwn i ddim gwadu nad wyf fymryn yn blentynnaidd yn cydnabod y peth, ond cystal ei ddweud o mwy na'i feddwl o, mai'r gwir plaen amdani yw 'mod i wedi cymryd ataf braidd o sylweddoli bod y llymbar hwnnw, dacia fo, wedi ennill y flaenoriaeth ar ei thaid druan fel prif wrthrych ei serch. Wedi ennill blaenoriaeth ar aelodau ei theulu agosaf bob un petai'n mynd i hynny, hyd yn oed ei thad a'i mam. A dydw i'n amau dim chwaith mai Igyl Pigyl oedd y geiriau cyntaf iddi lwyddo i'w llefaru'n gwbl eglur erioed, sy'n gwneud i ddyn holi'n ddifrifol i beth yn enw pob rheswm y mae'r hen fyd 'ma'n dod iddo. Igyl Pigyl wir. Â'n helpo!

A phwy tybed, teg gofyn, yw'r dywededig Fonwr Pigyl? Beth yw ei bedigri? Mae'n eitha posib na chlywodd y trwch helaethaf, y garfan fwyaf anniwylliedig dyweder o blith darllenwyr hyn o draethiad, y rhai y mae eu gorwelion beth yn gyfyng a'u darllen heb fod yn eang, yr un sôn yn eu bywydau amdano. Er adeiladaeth y cyfryw rai felly, er llenwi bwlch go lydan yn eu gwybodaeth, dyma brysuro i egluro nad yw, ar y wedd gyntaf beth bynnag, yn ddim namyn rhacsyn o degan clwt o liw a fu unwaith yn las ond ei fod wedi llwydo peth wmbredd bellach; un tra anolygus yr un pryd, os gweddus dweud y fath beth, gydag olion traul y misoedd yn bur sownd arno. Ni ddylid anghofio chwaith ei fod wastad, gerfydd pwt o law ddifysedd, yn llusgo darn o wlanen goch i'w ganlyn i bobman.

A Sais pur ar ben hynny. Nawr, fe sylweddolir yn burion bod raid ymbwyllo yn y cyswllt hwn er osgoi'r perygl o syrthio i'r demtasiwn o ddwyn unrhyw arlliw o hilyddiaeth i hyn o drafodaeth. Tad o'r goruchaf! Ni fynnir ar unrhyw gyfrif fwrw unrhyw elfen o anfri neu o sen ar y genedl nobl sy'n byw am y clawdd â ni, dim ond 'mod i yn fy null carbwl fy hun yn ceisio dangos y byddai llai o halen hwyrach wedi ei dywallt ar y briw pe medrid o leiaf ymffrostio yn y ffaith fod rhyw gymaint o waed Cymreig yn rhedeg drwy ei wythiennau. Ond hyd y gwn i does 'na ddim. A rhaid, ysywaeth, bodloni ar hynny'n ogystal.

O gofio ei bod hi yn berchen doliau yn llythrennol wrth y dwsinau onid y cannoedd ynghyd â digon o deganau clwt eraill, yn gŵn a chathod, gwiwerod a thylluanod, mwncïod ac epaod, llewod a theigrod, eliffantod a chrocodilod i greu menajari o faintioli sylweddol, fe fuasai'n lled rhesymol disgwyl mai un o blith y rheini fyddai'r ffefryn. Roedd y dewis yn un mor eang. Ond dim peryg yn y byd! Fe dywalltodd hi ei holl serch ar y cwlin dibersonoliaeth wyth modfedd o daldra hwnnw tra bod y gweddill wedi eu gadael yn fyddin amddifad, segur i hel llwch. Ef yw ei chydymaith mwyaf cyson, y cymorth hawdd ei gael ym mhob cyfyngder. Gydag o y rhennir pob cyfrinach ac y mae'r syniad o gysgu noson hebddo yn warant sicr ar gyfer y strops a'r strancia a'r histeria rhyfeddaf. Erbyn hyn mae o'n llwyr lywodraethu ar yr aelwyd ac wedi datblygu fel rhyw fath o Raspwtin, yn ddychryn ei ddylanwad.

A gwae pawb ohonom pe digwydd ei fod weithiau wedi mynd i grwydro neu ar goll dros dro rywle o gwmpas y tŷ. Sôn am wylofain a rhincian dannedd – hynny o ddannedd y mae hi yn berchen arnynt hyd yma – a fydd wedyn. Nes bod dyn, yn ddistaw bach, ar achlysuron argyfyngus o'u bath yn teimlo fel rhegi'r cythraul! Eithr pan fo'r bys yn y geg a'r Pigyl yn y gesail a hitha heb fod angen yr un swcwr pellach arni fe fyddwn ninnau yn meddalu ac yn tueddu i faddau iddo ei holl gamweddau.

Effeithiau ei fynych folicodlio, os weithiau hwyrach ei golbio, ei gwympo mynych ar lawr, ei drochi mewn pyllau dŵr ar y ffordd i'r feithrinfa, ei wlychu mewn ambell ymdrech seithug i roi bath iddo a'i hambygio mor gyson fu peri dirywiad mawr yn ei bryd a'i wedd nes bod y creadur bellach wedi heneiddio'n dra chynamserol. Bu'r gweddnewidiad er gwaeth mewn cwta chwe mis yn syfrdanol canys troesai'r glaslanc nwyfus a dderbyniasai hi yn anrheg ar ei phen blwydd cyntaf ddechrau Awst yn hynafgwr llesg yr olwg erbyn diwedd Ionawr; yn wir fe drodd yn hagr fel rhyw hen Pharo, ei ruddiau'n bantiog a'i wedd yn ddrylliog. A thra aneffeithiol fu pob ymdrech i drwsio, cymhennu a chryfhau rhyw gymaint arno. Eto i gyd, ac ar waetha'r cyfan, doedd neb na dim arall yn tycio. Igyl Pigyl oedd y dyn; Igyl Pigyl ddoe, Igyl Pigyl heddiw, Igyl Pigyl byth ac yn dragywydd.

A dyma finnau wedyn orau gallwn i yn ceisio mynd ati i ganfod beth yn union oedd cyfrinach holl boblogrwydd y cymeriad honedig garismatig hwnnw, yn ymdrechu i fynd fymryn i'w giarpad bag fel y dywedir, er olrhain peth ar ei achau ac i ganfod pa fath o bedigri oedd iddo.

Actor pur enwog erbyn deall oedd y Pigyl gwreiddiol, un o sêr disglair y byd teledu, cymeriad allweddol os un fymryn yn echreiddig yn y gyfres honno *In the Night Garden*. O holi ymhellach cafwyd ar ddeall ei fod yn cadw cwmni â rhai hynod debyg iddo ef ei hun, adar o'r unlliw a chreaduriaid yr un mor od, rhai yr oedd eu henwau yn adlewyrchiad pur gywir o'r odrwydd hwnnw.

Dyna'r ferch ifanc Wpsi Dêsi i ddechrau cychwyn. Synnwn i damaid nad oes 'na rywbeth rhyngddi hi a'r Pigyl. Mae llawer o fflyrtio'n digwydd rhwng y ddau beth bynnag. Y Tomblibŵs wedyn, y tri ohonynt – Unn, Ooo, Iii – sydd wastad yn gwisgo trowsusau hynod liwgar gyda smotiau enfawr drostynt, dim ond bod tuedd dra anffodus yn y cyfryw drowsusau, am eu bod o bosib yn rhy lac am eu canol, i lithro'n ddadlennol yn aml hyd at eu fferau.

A beth am Maca Paca yntau, un arall o'r criw rhyfedd?

Cymeriad mwy dwys a diniwed hwyrach, un hynod gydli yn y fargen, heb sôn am ddyrnaid, cryn ddeg ohonynt i fod yn gysáct, o'r Pontipeins hoffus sy'n mynnu'n llawn direidi byth a hefyd guddio ym mhob rhan o'r ardd, ynghyd â'r Wotinjers a fydd mewn strach byth a hefyd yn ceisio dod o hyd iddynt.

A dyna hwyl a geir pan fo'r cyfan, yr holl griw brith gyda'i gilydd, yn penderfynu mynd am drip ar y trên bach, sef y Ninci Nonc. Mae honno rownd y rîl yn antur i'w chofio, taith fydd yn cychwyn wrth iddynt ymuno'n un corws clir gyda'i gilydd i ganu geiriau ryw brifardd enwog o'u plith:

Igyl Pigyl, Igyl Onc
Awn i ddal y Ninci Nonc,
Ninci Nonc, Ninci Nonc, Ninci Nonc i ni,
Ninci Nonc, Ninci Nonc, ple'r wyt ti?

Bras gyfieithiad o'r gerdd a gynigir, cofier. Does gan ddyn ond gobeithio ei fod o leia wedi gwneud rhyw fath o gyfiawnder â'r campwaith gwreiddiol.

Ac fel y mae'r gynghanedd yn clecian mewn cerdd hynod afaelgar arall, honno sy'n canu clodydd yn yr awdl foliant i'r annwyl Maca Paca:

Maca Paca, Aca Waca, Mica Maca bach,
Hym dyng, aga pang, un sy'n llon ac iach.

Ond mae'r farddoniaeth ar ei haruchelaf ac yn codi i lefel bensyfrdan o uchel, yn gain ac yn delynegol, yn ymson un o'r Tomblibŵs, yn enwedig pan glywir yr actor Shecsperaidd Syr Derek Jacobi, neb llai, yn ei ddarllen:

Omblibŵ, tomblibŵ

Dyna guro mawr,

Omblibŵ, tomblibŵ

'Steddwn ar y llawr;

Omblibŵ, tomblibŵ

Yma'n pigo 'nhrwyn,

Omblibŵ, tomblibŵ

Ry'm yn gwmni mwyn...

Rhydd gyfieithiad eto, cofier. Dim ond bod y Tomblibŵs, fel y crybwyllwyd eisoes, ac y mae hynny yn drueni o'r mwyaf, yn tueddu i golli pob urddas a berthyn iddynt o ganiatáu i'w trowsusau eto fyth i lithro i lawr at eu traed. Mae hynny'n biti. Yn biti mawr.

A dyna nhw y criw bach od, criw hynod hoffus a hapus er hynny, trigolion Gardd y Nos, yr eilunod a lwyr ddwyfolir gan ein hwyres fach ninnau yn hyn o fyd. Mae anturiaethau mynych ac amrywiol Wpsi Dêsi, Maca Paca, y Tomblibŵs, y Pontipeins a'r Wotinjers dan arweiniad yr ardderchog Igyl Pigyl wrth farchogaeth ar dro ar y Ninci Nonc wedi mynd â'i holl fryd.

Does yr un diben sôn am amser gwely nes y byddan nhw wedi cyflwyno eu perfformans nosweithiol ar y bocs yn y gornel a bod y bennod ddiweddara yn eu hanes, sy'n un eitha cythryblus ar adegau, wedi ei chofnodi. Er bod diwedd hapus yn ddieithriad i bob stori canys erbyn hynny bydd pob un o'r cymeriadau wedi rhyw led dawelu a rhyw syrthni wedi eu meddiannu fel eu bod hwythau hefyd bron ag ildio i ormes yr hen Huwcyn; ac yn ddieithriad yn yr olygfa olaf un bob tro gwelir yr hen Igyl yntau yn swatio'n lluddedig dan y wlanen goch wrth iddo gael ei gludo yn ei gwch i gyfeiriad rhyw orwel pell cyn diflannu'n llwyr o'r golwg.

Dyna hithau wedyn, â'r ffics feunosol wedi ei threulio, yn cydio yn yr Igyl Pigyl clwt, yn ei wasgu yn ei chôl cyn cael

ei chodi ar fraich un o'i rhieni i'w chario i fyny'r grisiau lle
bydd, mewn dim o dro, yn breuddwydio'n braf ei bod hithau
yn mwynhau taith ar y Ninci Nonc ac yn cael cymryd rhan
mewn antur fawr arall gyda'i chyfeillion yng Ngardd y Nos.

Ond o'i gweld hi â chymaint o fydau â'r Igyl lledrithiol
mae'n anodd gennym ninnau weithiau ymatal rhag mynd
ati i hel hen feddyliau ynghylch tynged y ddau. Beth pe bai?
Beth petasai ac ati? Â'n helpo fel enghraifft pan ddaw'r Pigyl
clwt presennol i derfyn ei rawd ddaearol. A barnu oddi wrth
yr olwg gystuddiol sydd arno ar hyn o bryd mae ei ddyddiau
druan wedi eu rhifo a'r awr o brysur, brysur bwyso arnom
ninnau yn gyflym nesáu.

Coffa da pan aeth y Tedi Blêr hwnnw a fu'n gannwyll llygad
ei mam ar goll un waith, ddeuddeng mlynedd ar hugain yn ôl
bellach, a'r fath syrcas a ddilynodd y digwyddiad hwnnw. Sôn
am alaeth. Yn sicr ddigon nid ydym ni yma yn orawyddus
i weld hanes yn ei ailadrodd ei hun. Y fath benyd a fyddai
hwnnw. Duw a'n gwaredo rhag hunlle gyffelyb. Yn wir, fe fu
ond y dim i ni â chael rhagflas o'r union beth ar wyliau ym
Mhont-Aven yn Llydaw rai wythnosau'n ôl. Yn ddiarwybod
i'r fechan fe syrthiodd y Pigyl o'r bygi ar lawr ac fe'i gadawyd
yno druan, ac oni bai i rywun tra meddylgar ei godi a'i osod
ar ben clawdd fe fuasai wedi bod yn bur ddyrys arnom.

Wedi'r cyfan does ar wyneb daear lawr neb all gymryd
ei le. Nid na ellid picio ar fyrder i faelfa Toys R Us i lawr
yn y dre i bwrcasu un neu ddau, yn wir hanner dwsin petai
angen, o Igyl Pigyls neu Iglau Piglau (beth bynnag yw'r
ffurf gywir) newydd sbon danlli grai tebyg iddo. Pris digon
bychan fyddai hwnnw yn gyfnewid am fymryn o heddwch.

Y trasiedi yw na fyddai'r un gopa wlanog ohonynt yn
dderbyniol ganddi hi. Ni fyddai yr un lliw, yr un oglau, yr
un blas, yr un undim ar un o'r rheini. Nid ag us wedi'r cwbl
y mae dal hen adar hyd yn oed pan nad yw ambell aderyn
ond cwta ddyflwydd a hanner oed! Er mai pont i'w chroesi
pan ddown ati yw honno ddyliwn.

A dyma finnau bellach yn ôl yn y man cychwyn yn fy holi fy hun unwaith eto beth yn union a ddigwyddodd, beth aeth o'i le, sut y bu i mi gyfeiliorni i ganiatáu i lipryn mor llwyd a salw ei wedd, yr Igyl Pigyl clwt dienaid hwnnw, ddisodli'n llwyr hen fachgen ei thaid fel gwrthrych ei holl serch? Beth tybed oedd ganddo ef i'w gynnig nad oes gen i ddim? Mae'r holl brofiad wedi'm gadael â dos go helaeth o gymhlethdod y taeog.

Fy unig obaith wrth iddi dyfu fymryn yn hŷn yw y bydd rhywbeth arall o'r newydd yn dwyn peth o'i ffansi fel y caf innau, hwyrach, fy adfer ryw ddydd rywfaint yn nes i'm prif a'm priod safle ymhlith rhai o'i ffefrynnau. Nid bod y rhagolygon ar hyn o bryd yn rhy addawol chwaith. Yn y cyfamser felly rhaid i ddyn, er mor drybeilig o anodd ydyw hynny, fodloni ar ei safle israddol, ymatal rhag pwdu, rhag cusanu gofidiau, rhag ymdrybaeddu mewn hunandosturi, rhag rhoi lle i hen genfigen; ceisio'n hytrach meithrin ysbryd cymodlon, bod yn rhesymol, yn fwy positif, gan weithredu amynedd a dal i ddal ati i fyw mewn gobaith – y gobaith hwnnw, chwedl rhyw hen fardd, sy'n ffrydio'n dragwyddol yn y fron ddynol.

Dau ecsentrig

FE GYMERWN NI'R DICI Bird yn gyntaf. Fel y mae'n digwydd mae dau lun ohono yn arddel trem bur fygythiol yn edrych i lawr arna i o un o barwydydd fy nghell y munud hwn. Nid dau baentiad gwreiddiol mae'n wir – fe fyddai rheini wedi costio crocbris – eithr dau brint mewn rhediad cyfyngedig o ddeugant a hanner, y naill yn rhif 147 a'r llall 154. A doeddan nhwtha ddim yn rhad am eu bod yn gynnyrch arlunydd nid anenwog, sef yr ail ecsentrig, y down ato yn y man.

A lluniau o 'aderyn' hynod brin ydynt. Nid ryw robin goch, mwyalchen neu geiliog bronfraith cyffredin, dealler, ond un prinnach hyd yn oed nag un o weilch y pysgod ar afon Glaslyn y cyhuddir pobl Porthmadog o fod wedi llwyr wirioni arnynt. Bron cyn brinned â'r dodo! Ac fe ddylai fod o gryn bryder i aelodau y Gymdeithas Frenhinol er Gwarchod Adar o sylweddoli unwaith y daw ei ddyddiau ef i ben ar yr hen ddaear yma na fydd un arall tebyg.

Dro'n ôl fe gyhoeddodd y deryn prin hwnnw ei hunangofiant pan werthwyd miloedd ar filoedd anghyfrif o gopïau ohono. Mae 'nghopi personol i wrth fy mhenelin wrth i mi ysgrifennu hyn o eiriau, ac mor browd yw dyn o allu ymffrostio yn y ffaith fod yr awdur wedi torri ei gyfarchiad personol ar y ddalen rwymo:

To William: Sincere best wishes. Dicky Bird.

Nid 'mod i am ymhonni yn rhyw fath o froliwr cydnabod – y *name dropper* bondigrybwyll – chwaith, oblegid waeth cyfadde nad oes ac na fu gen i'r un adnabyddiaeth bersonol ohono. Fy mab-yng-nghyfraith, bendith arno, o wybod am fy ngwendid, a lwyddodd drwy ryw ddirgel ffyrdd i gael gafael ar gopi llofnodedig i mi o rywle a'i gyflwyno yn anrheg Nadolig.

Cyfeirio yr ydw i wrth reswm at Harold Dennis Bird, y cyn-ddyfarnwr mewn gemau criced, un ers ei ddyddiau ysgol a lysenwyd yn Dici Bird ac a adwaenir wrth yr enw annwyl hwnnw mewn cylchoedd gwâr ledled y blaned yma bellach. A dyna finnau erbyn hyn, mae'n ddiamau, wedi colli hanner fy narllenwyr – y rhai, yn wir yr aneirif rai, nad oes o bosib rithyn o ddiddordeb ganddynt yn y gêm brydferth. Fe'u clywaf yn edliw y dyliwn i fod â phethau llawer rheitiach i feddwl ac i draethu amdanynt. Er nad ydw i'n barod i ymddiheuro am ddim oll chwaith canys rwy'n fwy na pharod i gydnabod y byddai 'mywyd i wedi bod dipyn tlotach ar hyd y blynyddoedd oni bai am fy ymlyniad obsesiynol wrthi. Bu'r nesa peth i fod yn grefydd i ddyn a chymeriadau fel Dici Bird wedi bod yn gymorth i gynnal y diddordeb ysol hwnnw.

Fe'i ganed mewn tŷ teras hynod brin ei gyfleusterau yn Barnsley yn 1933 yn fab i löwr, a'i unig uchelgais erioed oedd y câi chwarae ryw ddydd i dîm Swydd Efrog, breuddwyd a wireddwyd yng nghwmni cyfoeswyr enwog eraill o'r un genhedlaeth – rhai fel Brian Close, Fred Trueman a Geoff Boycott. Er mai methu â chyrraedd yr uchel nod hwnnw fu tynged yr olaf o'r criw, fodd bynnag, un Michael Parkinson. Gorfu iddo ef droi at newyddiadura i ennill ei damaid. Nid na ddisgleiriodd yntau yn ei briod faes yn y diwedd hefyd.

Ond am na allai Dici gyfiawnhau ei le yn rheolaidd yn nhîm cyntaf ei sir enedigol fe symudodd am gyfnod i chwarae i Swydd Gaerlŷr, eithr fel dyfarnwr am gyfnod o dros chwarter canrif y daeth i fri. Bu'n dyfarnu mewn chwech a thrigain o gemau prawf, mewn deuddeg a phedwar ugain o'r gemau rhyngwladol undydd ynghyd â thair o rowndiau terfynol gornestau Cwpan y Byd, a chan gyflawni'r dasg honno'n fedrusach ac yn fwy llwyddiannus – os drwy ddulliau tra idiosyncratig ar brydiau – nag odid neb a fu o'i flaen na chwaith unrhyw un, hyd yma beth bynnag, a ddaeth ar ei ôl.

Hiwmor Dici oedd un o'i rasusau mwyaf achubol. Gallodd droeon, o fod yn berchen ar yr hiwmor heintus hwnnw, ddiffiwsio sawl sefyllfa ddigon dyrys a ddatblygodd ar dro wrth i'r chwaraewyr, am ba reswm bynnag, wrthdaro'n ffyrnig yn erbyn ei gilydd ar y maes.

Fo, fel enghraifft, oedd yr unig un allai ffrwyno tymer wyllt Merv Hughes, y bowliwr cyflym a pherchen y mwstásh nobl hwnnw yn nhîm Awstralia, a'r duedd oedd ynddo i regi fel trwpar bob tro y byddai'n hyrddio pêl ar gyflymder o gan milltir a rhagor yr awr i gyfeiriad ei wrthwynebydd ar y llain.

Galwai Merv bob enw ar yr anffodus Graeme Hick wrth fowlio ato mewn gêm brawf yn Headingley ar un achlysur fel y bu raid i Dici ymyrryd: "Twt! Twt! Rŵan! Rŵan, Mistar Hughes," ffug geryddodd, "be ma Mistar Hick druan mewn difri calon wedi 'i neud i chi? Dowch! Dowch! Ymbwyllwch, does dim angen y fath araith."

Allai Merv Hughes, y creadur anystywallt ag ydoedd, ddim credu ei glustiau bod unrhyw un yn rhyfygu i geisio'i ddofi ef o bawb, a'r unig beth y gallai ei ddweud oedd, "Dici, rwyt ti'n blydi chwedl...," ond gan gerdded yn ôl i fod yn barod i hyrddio'i belen nesaf, i gyfeiliant mwy o regfeydd gleision, i chwyrlïo uwchben y dywededig Mistar Graeme Hick druan! Eithr prin hwyrach y sylweddolai Merv Hughes y diwrnod hwnnw iddo draethu calon y gwir canys fe ddatblygodd Dici Bird i fod yn 'chwedl' gyda'r ucha'i barch o blith ei wehelyth a fu erioed.

Gan nad oedd o'n greadur hunandybus fel ambell ddyfarnwr, na byth yn ei gymryd ei hun ormod o ddifri – er na allai'r un chwaraewr gymryd mantais arno chwaith na cheisio dylanwadu ar unrhyw ddyfarniad o'i eiddo – fe fyddai ambell waith yn cael ei bryfocio'n ddidrugaredd.

Fe ddaeth Allan Lamb i'r llain i fatio un tro gan ofyn i'r dyfarnwr gymryd gofal o'i ffôn symudol. Cytunodd yntau'n syth gan stwffio'r teclyn i'w boced, eithr mewn llai na chwarter awr dechreuodd y ffôn ganu: "Be wna i?" holodd Dici. "Ei ateb o siŵr iawn... be arall?" arthiodd Lamb yn ôl. A dyna a wnaed, dim ond i glywed llais Ian Botham o'r ystafell newid yn y pafiliwn yn bytheirio: "Deuda wrth yr Allan Lamb 'na, Dici, am 'i siapio hi. Dydi o ddim ond wedi gogrwn o gwmpas fel rhyw hen ferch ers pan mae o wedi dŵad allan i fatio!"

A'r un dau gnaf fu'n gyfrifol pan aeth Dici i'r maes parcio ar derfyn rhyw gêm neu'i gilydd dim ond i ganfod bod olwynion ei gar wedi eu tynnu a'u gosod yn daclus gerllaw a rhywun wedi plastro ar ei sgrin: 'Siwrnai dda adre, Dici!'

A chafodd o byth anghofio chwaith y tro anffodus hwnnw y bu raid atal y chwarae mewn gêm brawf bwysig yn Old Trafford i ganiatáu i'r dyfarnwr ruthro oddi ar y maes i ufuddhau i alwad natur. Fe ddychwelodd i gyfeiliant hwtio a churo dwylo brwd o bob cyfeiriad ynghyd â bonllefau megis: "Teimlo'n well rŵan, Dici? Braf ydi cael y fath ryddhad, yndê, Dici?"

Dyna'i benwirioni ynghylch prydlondeb wedyn. Arswydai'n dragwyddol rhag cyrraedd yn hwyr i unrhyw ymrwymiad. O'r herwydd fe'i gwelid yn cyrraedd i bob man oriau o flaen llaw. Pan oedd i ddyfarnu ei gêm brawf gyntaf ar faes Thomas Lord roedd yno cyn i neb godi a'r gatiau ar gau. A bu raid iddo stryffaglio i geisio dringo drostynt tra bod rhyw blismon yn cydio yn ei sgrepan i holi beth ar wyneb daear y ceisiai ei wneud.

Neu pan gafodd wahoddiad i fynd i'r Palas am ginio gydag Elisabeth o Windsor. Pan ddaeth y llythyr fe lwyr gredai fod rhywun yn tynnu arno ond pan sylweddolodd fod y gwahoddiad yn un dilys bu raid paratoi'n drylwyr ar gyfer y fraint aruchel. Roedd i gyrraedd yno erbyn chwarter wedi un ond ac yntau wedi rigio'n grand gynddeiriog gadawsai ei gartref yn Barnsley am hanner awr wedi pedwar y bore fel ei fod yn stwna o flaen Byc Pal erbyn hanner awr wedi wyth. Bu'n yfed coffi am oriau maith i ladd amser.

Pump ohonynt, yn ôl y sôn, oedd o gwmpas y bwrdd y

diwrnod hwnnw – ryw brifathrawes newydd ymddeol, y Tywysog Andrew, un o'r boneddigesau preswyl ynghyd â'r Frenhines ac yntau. Fe lwyddodd yn rhyfeddol i ddygymod â'r steil drwy graffu drwy gil ei lygad ar yr hyn yr oedd y gwahoddedigion eraill yn ei wneud a cheisio dilyn eu hesiampl. Bu yno drwy'r prynhawn gan aros ymhell ar ôl i'r gweddill adael i gael jangyl iawn, chwedl yntau, â'i Mawrhydi.

Yr un modd pan wahoddwyd ef i ginio Sul yn Chequers gyda John Major. Roedd Dici wedi cyrraedd erbyn hanner awr wedi deg a bu raid i'r Prif Weinidog roi drop tŵls i faterion gwladol i'w groesawu gryn ddwyawr cyn i'r un o'r gwahoddedigion eraill guro wrth ei ddrws. Da bod y Prif Weinidog ei hun yn dipyn o ffanatig ynghylch y gêm neu fe allai sefyllfa go ddelicet fod wedi datblygu.

Ond yr oedd y blynyddoedd yn dechrau gadael eu hôl arno ac fe'i gwelwyd yn cyrraedd pen y dalar yn y gêm brawf rhwng Lloegr ac India ar faes Thomas Lord ym Mehefin 1996. Yn wir cafodd ei ymddeoliad ei drafod fel petai'n achlysur o arwyddocâd rhyngwladol. Tystiwyd i'w ymadawiad gan filiynau ar filiynau, rhai'n gwylio ar sgriniau teledu, eraill yn gwrando ar sylwebaeth radio neu'n darllen adroddiadau'r wasg ledled y byd yn grwn. Gwelwyd yr oll o'r chwaraewyr yn ymffurfio'n osgordd er anrhydedd wrth iddo adael y maes am y tro olaf. Lleithiai'r dagrau ei ruddiau yntau, dagrau y bu Dici yn eitha parod i'w colli ar nifer o achlysuron cyn hynny – canys yr oedd yn greadur hynod feddal – er eu bod yn tywallt yn un llifeiriant y diwrnod hwnnw. A bellach mae wedi ymddeol i'w fwthyn yn Barnsley. Yn sicr ni bydd eto un o'i fath.

Ac yr oedd yr ail ecsentrig yn greadur cymaint onid yn fwy ecsentrig. Er nad ryw gocyn larts yn tuthian o gwmpas yn snaplyd a heriol ar bedair coes mohono chwaith, mwy nag yr oedd y Dici Bird yntau yn aelod o unrhyw rywogaeth bluog. Nid na fu i'm hannwyl wraig gyfeiliorni'n enbyd yn ei gylch un tro hefyd. Roedd o wedi bod yn batio'n wrol a phur unig yn ei ddull cwbl anolygus ei hun er mwyn osgoi i'w dîm gael crasfa go drom un prynhawn; minnau wedi bod am oriau o flaen y set deledu yn gwylio pob symudiad o'i eiddo, ac yn edmygydd anedifeiriol o'i hunanddisgyblaeth, ei ddyfalbarhad a'i amynedd diderfyn wrth iddo flocio ymosodiadau ffyrnig a chyson dau fowliwr eithriadol gyflym. Rhaid ei fod yn gleisiau drosto wedi'r holl fombardio fu arno. A dyna fynd drwodd i'r gegin ar derfyn y chwarae i gyhoeddi bod Jack Russell wedi dal ei dir yn ddeheuig yn erbyn pob gelyn y prynhawn hwnnw.

Ateb digon siort a gefais i ganddi: "Dda gin i mo'r hen gythral bach," meddai hi wedi ei chythruddo braidd, er na fyddai ymadroddi o'r fath yn rhan o'i thraethu fel arfer o ran bob tegwch â hi chwaith. "Thrystiwn i'r un ohonynt cyn belled â 'nhrwyn. Hen frid casa gen i. Mi brathith di ar ddim..." Fe lwyr gredai hi mai cyfeirio at un o wehelyth y Jack Russell bach snaplyd hwnnw, ci un o'n cymdogion i lawr y lôn, a wnawn!

Roeddwn wrth reswm yn gwaredu at y fath gabledd a dyna fynd ati'n ddiymdroi i geisio ehangu rhyw gymaint ar orwelion y tybiwn i eu bod yn rhai mor gyfyng! Ceisiais egluro i'r Jack Russell y soniwn i amdano fod yn gwarchod y tu ôl i'r wiced i dîm Swydd Gaerloyw ers pan oedd yn laslanc dwy ar bymtheg oed, ac am y tair blynedd ar hugain wedi hynny'n ogystal. Roedd wedi ei ddyrchafu yn aelod o dîm Lloegr yn 1998 ac wedi ennill hanner cant o gapiau mewn gemau prawf heb sôn am ddeugain arall o'r gemau undydd.

Hwyrach nad oedd fel batiwr yn un cyffrous i'w wylio, yn un o galibr Viv Richards dyweder, er y gellid dibynnu arno i ddal ei dir yn erbyn yr ymosodiadau gyda'r ffyrnicaf. Batiwr cyndyn fu Jack Russell erioed, sgoriwr hynod araf ond un a roddai sefydlogrwydd i bethau gan alluogi'r batiwr ar y pen arall i gadw'r sgôr i fynd. Cofiwn yn arbennig y marathon batiad cwbl arwrol hwnnw o bedair awr a hanner mewn partneriaeth â'r gwyrthiol Mike Atherton i achub yr ail gêm brawf yn erbyn De Affrica yn Johannesburg yn 1995. Yn yr union gêm honno hefyd llwyddodd i dorri record byd drwy gael gwared, rhwng y ddau fatiad, â chymaint ag unarddeg o chwaraewyr y tîm arall drwy eu dal y tu ôl i'r wiced.

Yn ŵr priod a thad i bump o blant mae'n gymeriad cymhleth, un sydd weithiau yn dioddef o byliau o iselder ysbryd canys bu colli ei unig frawd yn ergyd drom iddo. Mae'n greadur tawel, mewnblyg, enciliol ond bod ganddo, yn annisgwyl hwyrach i berson o'i fath, ddiddordeb ysol yr un pryd mewn popeth militaraidd – yn fisffit cymdeithasol, yn greadur mor od fel nad oes yr un elfen o normalrwydd ar ei gyfyl, sy'n gorfodi pawb i fodloni ar ddatgan bod Jack Russell yn unigolyn gwahanol, gwahanol dros ben.

Mae'n berson mor breifat fel na ŵyr ond y dyrnaid lleiaf o'i gydnabod beth hyd yn oed yw rhif ei ffôn ac yn ystod ei gyfnod fel chwaraewr nid oedd yn orawyddus chwaith i aelodau o'r un tîm ag o wybod ple'r oedd yn byw! Nid rhyfedd fod Howard Hughes yn cael ei gynnwys ymhlith rheng flaenaf ei arwyr!

A dyna'r chwiw ryfedd sydd ganddo ynghylch ei ddeiet. I frecwast bob bore, darnau o witabics wedi eu socian mewn llefrith am ddeuddeng munud union, dim eiliad mwy, dim eiliad llai. Oddeutu deg ar hugain o baneidiau te ynghyd ag un paced cyfan o fisgedi Jaffa i'w gynnal yn ystod y dydd wedyn; ac i ginio bob nos platiad o datws stwnsh yn gymysg ag ychydig reis gyda'r llwyth hwnnw wedi ei orchuddio â ffa pob (cynnyrch Heinz, neb arall) a'r cyfan wedi ei goroni â dolop sylweddol iawn o saws brown (saws HP wrth reswm) i roi blas ychwanegol ar y cwbl oll. Ac eithriad fydd i unrhyw amrywiaeth gael ei gyflwyno i'r arlwy dra undonog honno. Yn wir âi cyn belled â chludo cyflenwad helaeth o duniau ffa pob i'w ganlyn bob tro y byddai'n teithio dramor fel aelod o dîm Lloegr, yn arbennig felly ar unrhyw daith i'r India neu Bacistan.

Fe fyddai yr un mor gysetlyd ynghylch ei gêr wrth fynd

allan i fatio neu warchod y wiced. Gwisgodd yr un pâr o fenig am ddeng mlynedd hir, a'r un hances ym mhoced ei drowsus am wyth arall, ac yr oedd y byd ar ben pan ddaeth honno i ben ei rhawd. A dyna'r het fflopi wen (o leia un a fu unwaith yn wen) y mynnodd ei gwisgo gydol ei yrfa fel chwaraewr proffesiynol. Nid rhyfedd fod golwg fawr wedi mynd ar honno er ei bod yn cael ei golchi ddwywaith y tymor. Â hithau wedi ei thrwsio a'i chlytio cymaint fel mai prin bod unrhyw ddarn o'r deunydd gwreiddiol yn rhan ohoni erbyn hynny. Châi neb ond ei wraig olchi'r un cerpyn iddo chwaith. Doedd wiw sôn am anfon unrhyw beth i'r londri. A phan na fyddai hi ar gael fe ymlafnai â'r gorchwyl o'u golchi ei hun.

Y mae stori datblygiad ei fetamorffosis o fod yn gricedwr medrus i fod yn arlunydd o fri y gwelir ei weithiau yn cael eu harddangos mewn orielau celf ledled byd, o Dŵr Llundain i Amgueddfa Bradman yn Bowral, De Cymru Newydd, Awstralia, yr un mor ddiddorol. Dderbyniodd o erioed hyfforddiant yn y grefft o arlunio ond tra oedd yn cicio ei sodlau wrth aros i'r chwarae ddechrau yn ystod tridiau o law diderfyn yng Nghaerwrangon un tymor penderfynodd stormio i'r dref i grwydro'r siopau. Cydiodd mewn dyrnaid o bensiliau ynghyd â phad o bapur gan fynd ati i ryw biltran sgetsio. Os gallodd Van Gogh neu Rembrandt wneud enw iddynt eu hunain pam nad y fo? Erbyn heddiw mae'n arlunydd amser llawn a'r gorchwyl o osod ei daclau ar gyfer ymosod ar ganfas gwag yn rhoi llawn cymaint o gyffro iddo â phan oedd yn cerdded allan mewn gemau prawf ar feysydd Thomas Lord, Trent Bridge, Old Trafford neu'r Oval.

Yn ychwanegol at hynny y mae ei gynnyrch yn hynod amrywiol ac yntau yr un mor gartrefol yn paentio golygfeydd o'r Loegr wledig ag yw o strydoedd cefn ardaloedd tlotaf dinasoedd mawrion Mumbai a Lahore; neu'n wir yn portreadu enwogion yn cynnwys Eric Sykes, Norman Wisdom, Bobby Charlton a Phillip Caeredin neu hyd yn oed hen gymeriadau fel ambell hen filwr a gyrrwr trên. A'r rhai all ei fforddio yn gorfod tyrchio'n bur isel i'w pocedi, hyd at bum mil ar hugain o bunnoedd a rhagor ambell dro, am y fraint o gael bod yn berchen ar un ohonynt.

Er nad yw eto'n hanner cant y mae eisoes wedi trefnu ei angladd. Mae ei ddwylo i'w torri ymaith i'w pereiddio cyn eu gosod mewn cas gwydr i'w harddangos yn ei oriel yn Chipping Sodbury; ei arch i'w gosod ar hen danc o'r Ail Ryfel Byd i'w chludo i'r eglwys lle bydd rhywun yno'n aros i ddarllen araith Henry V o flaen muriau Harfleur, honno a gofnodir yn nrama Shakespeare; ac ar y terfyn bydd pawb yn ymuno'n frwd i ganu 'Jeriwsalem'.

Byddai croeso i unrhyw un wrth reswm i ddod yno i dalu'r gymwynas olaf iddo er y byddai'n fwy na dymunol petai modd yn y byd i gynrychiolaeth o'r teulu brenhinol fod yn bresennol – y Frenhines ei hun felly, pe digwyddai fod yn rhydd! Mor weddus, chwedl yntau, fyddai ei gweld hi yno gydag un o'r corgwn wrth ei sodlau – y corgi yn briodol iawn wedi dod i angladd Jack Russell!

Dro'n ôl digwyddem ni'n dau, fy ngwraig a minnau, fod yng nghyffiniau Chipping Sodbury a dyna benderfynu troi i mewn iddi i gael sbec ar y dref fach ddymunol honno. Ni chawsom drafferth o fath yn y byd chwaith i ddod o hyd i'w oriel a saif mewn safle hynod freiniol ar waelod y Stryd Fawr yno. Treuliwyd tri chwarter awr da yn edmygu cynnyrch yr arlunydd o gricedwr. A dyna pryd y pwrcaswyd y ddau brint y cyfeiriwyd atynt ar ddechrau'r traethiad hwn, y rhai sy'n edrych i lawr arnaf o'r mur gyferbyn â mi'r foment hon. Un o Dici Bird yw'r naill yn ei gôt wen laes a'i gap stabal yn edrych fel ryw fath o fferyllydd wedi mynd ar gyfeiliorn ond ei fod yn mynnu codi ei fys yn fygythiol i nodi bod rhyw fatiwr anffodus wedi dod i derfyn ei rawd ac y dylai ei gwneud hi'n dinfain yn ôl am y pafiliwn. Un ohono yw'r llall hefyd. Mae unwaith yn rhagor yn codi ei fys i yrru ryw greadur anffodus i ffordd yr holl ddaear, dim ond fod y batiwr y tro hwnnw fel petai ar ei liniau o'i flaen yn pledio'n daer am gael ei arbed;

a Jack Russell ei hun yw hwnnw canys ef oedd y batiwr olaf yng ngêm brawf olaf un yr hen ddyfarnwr i gael ei *marching orders* ganddo.

Pan oeddem ar ein ffordd yn ôl i'r maes parcio digwyddasom weld Jack Russell ei hun yn brysur sgetsio ryw olygfa neu'i gilydd yno ar fin y palmant. A dyna fentro'n betrusgar i ofyn tybed a gaem ei ganiatâd i dynnu ei lun. Cytunodd yntau'n ddigon serchog os peth yn swil. Yr un pryd cawsom gyfle i ddatgan gymaint o fwynhad yr oeddem wedi ei gael o ymweld â'i oriel. Sgwrs fer yn unig fu hi eithr un eithaf cofiadwy...

Dici Bird a Jack Russell, cymeriadau tra gwahanol i'r rhelyw o blant dynion, ond dau a roddodd yn eu dydd bleser i gynifer, minnau rwy'n siŵr ymhlith y rheng flaenaf a'r mwyaf anfeirniadol selog o'r edmygwyr hynny.

Y nain a'i dwy wyres

RYDW I WEDI RHYW led gyffwrdd ar y testun hwn o'r blaen mewn cyhoeddiad arall, dim ond mai'r nain a gafodd y sylw pennaf bryd hynny. Y tro hwn ei hwyrion, yn arbennig dwy o'i hwyresau, sy'n cael y flaenoriaeth er mai gyda'r nain y cychwynnir y drafodaeth unwaith yn rhagor.

Nos Wener oedd hi, yr ugeinfed o fis Awst 1965 i fod yn fanwl, dyna pryd y cwrddais â'r Fonesig Augusta Gregory o Swydd Galway gyntaf erioed. Roedd Nan a Harri Parri wedi cyfnewid Mans dros y mis hwnnw â gweinidog o Ballina yn Swydd Mayo a ninnau'n dau wedi ein gwahodd i fynd drosodd i aros ychydig ddyddiau yno efo nhw.

Cofiaf groesi o Gaergybi am chwarter i bedwar fore Llun, yr unfed ar bymtheg, a chael sgwrs â'r diweddar Gwyn Erfyl (roedd yntau yn cyrchu i'r Iwerddon ar ryw berwyl) wrth fwrdd brecwast cynnar ar yr *Hibernia*. Yn ei ddeugeiniau cynnar yr oedd tebygrwydd trawiadol rhwng Gwyn Erfyl a'r actor o Gymro Stanley Baker a sicrhaodd anfarwoldeb iddo'i hun yn y ffilm ryfeddol honno, *Zulu*. Ac o dybio mai dyna pwy ydoedd yn croesi ar fwrdd y fferi i Dún Laoghaire y bore hwnnw fe heidiodd dwsinau o Wyddelod at y Bonwr Erfyl gan eiddgar ddeisyfu ei lofnod. Rhag eu dadrithio cydsyniodd yntau â phob cais gan sgriblio 'sincerely, Stanley Baker' neu rywbeth tebyg ar bob darn papur a wthiwyd o dan ei drwyn. Bu'n brysur gydol y fordaith fel ei fod erbyn y diwedd, siŵr gen i, wedi magu argyhoeddiad ei fod ef ei hun yn un o lewion Rorke's Drift!

Bu'r ychydig ddyddiau nesaf i ninnau yn rhai llawn, llawen a phrysur; chwech ohonom wedi'n pacio'n glòs fel pysgod tun i Hillman Imp coch Harri wrth wibio i sawl man yng Nghonnemara a siroedd Sligo a Mayo. Rhyfygu i yrru'r moto bach ar draeth yn rhywle yng nghyffiniau Roundstone, hwnnw'n suddo i dywod gwlyb a chael andros o strach i'w gael yn rhydd.

Mwynhau tawelwch a chyntefigrwydd Ynys Achill wedyn a throi i mewn am sgwrs i un o'r bythynnod to gwellt yng Nghillavally a chael cynnig powlennaid o rual tra anolygus gan ei berchennog croesawgar, patriarch o'r enw Patrick Macken – Macsen Wledig fel y'i bedyddiwyd gan Harri – hen filwr a fuasai yn ei ddydd yn gwasanaethu fel consgript anfoddog yn rhai o ryfeloedd y Sais. Ac i ba gyfeiriad bynnag y byddem yn troi gwelid Croagh Patrick, y mynydd sanctaidd, yn cysgodi drosom. Tyngwyd llw y cyrchem i'w gopa rhyw ddydd, er nad yn droednoeth dan benyd fel rhai Gwyddelod defosiynol chwaith.

Wythnos fer fu hi ac erbyn nos Wener roeddem ein dau yn ôl yn Nulyn lle penderfynwyd cyrchu i'r theatr. Bryd hynny doedd adeilad yr Abbey newydd ddim ar ei draed ond roedd y cwmni'n perfformio'n feunosol yn theatr Queen's. Yr arlwy y noson honno oedd comedi dair act, *The Pilgrim's Mother*, gan Arnold Hill. Mae'r rhaglen wrth law gen i y munud hwn er na chofiaf ddim oll am y ddrama ei hun chwaith. Bonws ychwanegol oedd fod drama fer yn yr Wyddeleg yn cael ei pherfformio, i'r rhai a ddymunai aros felly, ar derfyn y perfformiad hwnnw sef *Eiri Na Gealai*, cyfieithiad o *The Rising of the Moon*, gwaith ryw Lady Gregory. A phenderfynu aros wnaethon ni.

Mae'n wir na ddeallem ond y nesaf peth i ddim o'r iaith, eto i gyd fe gydiodd y perfformiad ynom o'r cychwyn rywsut. Mantais oedd fod crynodeb o'r plot wedi ei gynnwys mewn Saesneg ar y rhaglen a bu hynny o gymorth mawr inni ddilyn rhediad y ddrama.

O'i pherfformiad cyntaf yn yr Abbey ym mis Mawrth 1907 meddwyd, hyd at ddiwedd y cyfnod y bu Lloegr yn llywodraethu'r wlad, bu *Ar Godiad y Lloer*, drama fer

Augusta Gregory, yn gyfrwng pwysig i gyffroi'r ymdeimlad o genedlaetholdeb yn Iwerddon. Ynddi mae Ffenian a lwyddodd i ffoi o garchar ac sy'n cymryd arno grwydro o gwmpas fel canwr baledi yn taro ar ringyll o'r heddlu brenhinol sy'n chwilio amdano i'w 'restio. Fe lwydda'r sgwrs rhwng y ddau, yn arbennig wrth i'r cyn-garcharor drafod rhai o'r baledi, nid yn unig i atgoffa'r rhingyll o'i wreiddiau a'i etifeddiaeth ond i ddeffro rhai o'r dyheadau gwlatgar a fu'n llechu yn ddiarwybod yn ei isymwybod. Dwysbigir ei gydwybod i'r fath raddau fel yr enillir ei gymorth i hwyluso'r ffordd i'r Ffenian wedyn allu dianc.

Chymerodd y cyfan fawr mwy nag ugain munud ond bu'n berfformiad a lwyddodd i greu naws ac awyrgylch mor arbennig fel nad yw'r un ohonom wedi ei anghofio er bod cymaint o flynyddoedd wedi llithro heibio bellach ers y noson arbennig honno.

Er nad dyna fu diwedd y math o gysylltiad tenau a fu rhyngom a'r Fonesig Gregory chwaith canys am fod gennym erbyn hyn gysylltiadau teuluol pur agos yn Tubber, gerllaw Gort yng ngorllewin y wlad, a'n bod yn cyrchu yno o bryd i'w gilydd fe ailgyneuwyd ein diddordeb ynddi hi a'i gwaith yn ystod y blynyddoedd diwethaf.

Nid nepell o Gort yn Swydd Galway y mae Coole Park ynghyd â safle y plasty a fu'n gartref iddi am hanner can mlynedd. Roedd wedi ei geni'n freiniol yn 1852. Hi, Augusta, oedd y deuddegfed plentyn ymhlith yr un ar bymtheg a ffurfiai y torllwyth enfawr a ddaeth o lwynau Dudley Persse, Protestant a thirfeddiannwr llewyrchus ei fyd a oedd yn berchen chwe mil o erwau yn Roxborough, eto yng ngorllewin y wlad.

Cafodd fagwraeth gwbl ddibryder gan dderbyn y cyfan o'i haddysg gartref lle teyrnasai'r Saesneg fel iaith yr aelwyd. Roedd yr Wyddeleg wrth reswm islaw sylw a'r unig gysylltiad a fu rhyngddi a'r byd y tu allan yn ystod y cyfnod ffurfiannol hwnnw oedd ei mamaeth, Mary Sheridan, a fu'n gwasanaethu'r teulu yn ffyddlon yno am ddeugain mlynedd. Arferai hi adrodd chwedlau llên gwerin Iwerddon i'r plant gan blannu yn Augusta, yn anad yr un ohonynt, hedyn oedd i ddwyn ffrwyth ar ei ganfed flynyddoedd yn ddiweddarach.

Yn 1880, yn wyth ar hugain oed, priododd â gŵr gweddw oedd bymtheng mlynedd ar hugain yn hŷn na hi, sef Syr William Gregory, perchennog stad Coole. Roedd hwnnw'n gam a roes gychwyn i gyfnod newydd a chyffrous yn ei hanes. Ymgartrefodd ym mhlasty Coole ond yr oedd ganddynt dŷ yn Llundain yn ogystal lle'r oeddynt yn dderbyniol yn y cylchoedd gyda'r mwyaf dethol. (Un o'i chyfeillesau agosaf ar y pryd oedd Enid, merch y Fonesig Charlotte Guest.) Teithiodd y ddau yn helaeth ar y cyfandir ac yn Asia. Roeddynt yn arbennig o hoff o'r Eidal ac fe ymroes hi i ddysgu iaith y wlad honno er mai coron ei llawenydd fu genedigaeth Robert, eu hunig blentyn, ym Mai 1881.

Wedi iddi briodi hefyd fe ddechreuodd ymddiddori mewn gwleidyddiaeth. Mae'n wir mai yn y mudiad unoliaethol yr oedd ei gwreiddiau ond gyda threigl y blynyddoedd bu cryn newid yn ei safbwynt. Roedd diwedd y bedwaredd ganrif ar bymtheg a dechrau'r ugeinfed yn gyfnod o newidiadau mawr yn hanes Iwerddon – cyfnod a welodd sefydlu Cynghrair y Tir Michael Davitt, Cynghrair Wyddelig Douglas Hyde, Mudiad y Ffeniaid a'r dadeni llenyddol, heb sôn am streiciau 1913 a Gwrthryfel y Pasg 1916. Ac yn erbyn y cefndir hwnnw fe ddaeth hi i edrych ar bethau'n dra gwahanol. Aeth ati i ddysgu'r Wyddeleg gan ddod yr un pryd i lawn sylweddoli a gwerthfawrogi urddas y traddodiad brodorol.

Ond ar ôl dim ond deuddeng mlynedd o fywyd priodasol newidiodd holl batrwm ei bywyd drachefn. Bu farw Syr William Gregory a'i gadael hithau'n weddw led ifanc i ofalu am y stad. A dyna pryd y datblygodd Coole Park yn Fecca i wŷr llên y cyfnod.

O hynny ymlaen bu drws ei chartref yn llydan agored i feirdd, i ddramodwyr ac i arlunwyr. Cyrchent yn heidiau yno i orffwyso ac i chwilio am ysbrydoliaeth. Yn wir, nid nepell o'r tŷ fe dyfai coeden (y mae'n dal i fod yno o hyd) lle cerfiodd nifer o'r rhai mwyaf blaenllaw o'u plith flaenlythrennau eu henwau: Augustus John, Seán O'Casey, George Bernard Shaw, John Millington Synge a'u tebyg a heb anghofio'r un a fu'n gyfaill oes iddi, W B Yeats.

Yn lolfa'r tŷ o flaen tanllwyth o dân un noson y cyflwynodd Synge fel enghraifft ei ddarlleniad cyhoeddus cyntaf o'i ddrama fer enwog *Marchogion i'r Môr*. Dyrnaid ohonynt mewn cadeiriau esmwyth yn gwrando arno a hithau'n storm y tu allan gyda'r curlaw yn taro'n ffyrnig yn erbyn y ffenestri i greu yr awyrgylch briodol.

Yn Llundain yn 1889 y cyfarfu Yeats a hithau â'i gilydd am y tro cyntaf ac fe ddatblygodd perthynas glòs rhyngddynt o hynny ymlaen a oedd i barhau dros ddeugain mlynedd. Fe dreuliodd Yeats hafau anghyfrif yn Coole lle câi ei ddandwn drwy'r pyliau o ddiymadferthedd nerfol a'r blinder meddyliol a'i llethai o bryd i'w gilydd. Llwyddwyd i greu hinsawdd yno lle gallai weithio'n gwbl ddidramgwydd. Yn rhai o'i gerddi fe lwyddodd yntau i anfarwoli'r lle, y tŷ a'i awyrgylch, y coedlannau o'i gwmpas, yn arbennig Llyn Coole a'i elyrch. Er y bu'r holl sylw a roddai ei fam i Yeats, drwy ganiatáu iddo gysgu yn hen ystafell wely ei dad ac i hawlio'r gwin gorau wrth fwrdd y cinio hwyr, yn achos cryn dyndra rhwng Robert a'i fam.

Yn 1898 roedd Yeats ar un o'i ymweliadau mynych â Coole pan ddigwyddai Edward Martyn, tirfeddiannwr o Babydd a llywydd cyntaf mudiad Sinn Féin, fod yn aros yno yr un pryd. Roedd y ddau yn awduron dramâu y dymunent eu gweld yn cael eu perfformio. A thros ginio ganol dydd ar ddiwrnod gwlyb gydag Augusta ym mhlasty Doorus ger Kinvara, cartref y Cownt de Basterot ar lan bae Galway, bu'r tri yn trafod y syniad o sefydlu theatr. Canlyniad hynny, ym mis Mai y flwyddyn ddilynol, fu esgor ar y Theatr Lenyddol Wyddelig, cam a fyddai maes o law, yn 1904, yn arwain at sefydlu theatr yr Abbey.

Ond er mor allweddol fu cyfraniad Yeats a Martyn a'u siort ar y cychwyn, y gwir yw na fyddai'r Abbey wedi llwyddo i oresgyn anawsterau dybryd y cyfnod cynnar oni bai am benderfyniad di-ildio a brwdfrydedd cwbl heintus Augusta Gregory. Cymerodd y cyfan o dan ei hadain ac fe'i gwnaeth yn brif nod ei bywyd. Roedd ganddi alluoedd gweinyddol eithriadol. Nid yn unig byddai'n codi arian i gynnal y theatr, yn darllen a golygu sgriptiau, yn cefnogi ac yn ysbrydoli dramodwyr ond byddai hefyd yn ysgrifennu dramâu ei hun.

Ac yn sicr ni ddylid ar unrhyw gyfrif ddiystyru ei chynnyrch llenyddol, llafur yr ymaflodd ynddo'n gymharol ddiweddar yn ei hoes. Cyfansoddodd oddeutu dri dwsin o ddramâu gwreiddiol, rhai byrion un act yn bennaf, a'r rheini yn llithrig eu deialog a gloyw eu crefft. Ysgrifennai yn y Saesneg ond bod dylanwad cystrawen a geirfa'r Wyddeleg yn drwm ar y cyfan. Nid y lleiaf o'u plith, er nad oes berygl i ni acw anghofio hynny, oedd y campwaith bychan hwnnw a welsom yn cael ei berfformio yn Nulyn y nos Wener honno o Awst 1965. Yn ychwanegol at hynny cyhoeddodd gyfrolau ar lên gwerin Iwerddon ynghyd â chasgliadau o hen chwedlau, sy'n dangos yr un pryd na fu llafur yr hen forwyn, Mary Sheridan, hithau chwaith ddim yn gwbl ofer.

Addysgwyd ei mab, Robert, mewn ysgolion yn Lloegr a choleg celf yn Llundain lle syrthiodd mewn cariad â Chymraes o'r enw Margaret Graham Parry, merch olygus a hynod dalentog. Fe'u priodwyd yn Llundain yn 1907 gydag Augustus John, a oedd yn gyfaill agos iddynt, yn gweithredu fel gwas. Bu iddynt dri o blant, un bachgen a dwy eneth, er mai perthynas bur anesmwyth, weithiau dymhestlog, fu rhwng y fam a'i merch-yng-nghyfraith. Ymunodd Robert â'r fyddin yn 1915 ond collodd ei fywyd wrth wasanaethu gyda'r Corfflu Awyr Brenhinol yn yr Eidal yn 1918 ar ddiwedd y Rhyfel Mawr.

Ac onid am yr wyrion y mynnwn innau, yn llawn bwriadau teilwng, bennaf draethu ar gychwyn hyn o drafodaeth?

Magwyd y tri, Richard, Anne a Catherine, gan eu nain yn Coole. Cawsai Richard ei anfon i ysgol breswyl fel nad oedd o gwmpas y lle yn rhy aml eithr ar waetha'i holl brysurdeb fe fu hi'n well na mam i'r ddwy arall. Ac os oedd hi wastad yn gwisgo du trwm o'i chorun i'w sawdl ac yn ymdebygu fwyfwy o ran gwedd i'r hen Frenhines Fictoria, roedd hi er hynny yn un hwyliog iawn i fod yn ei chwmni.

Flynyddoedd yn ddiweddarach, yn 1970, fe gyhoeddodd Anne gyfrol fach ddiddorol anghyffredin, *Me and Nu*, sy'n dwyn i gof y plentyndod ysgafnfryd a dreuliodd hi a'i chwaer o dan ofal eu nain yn Coole. Fel nain fe neilltuodd hi gymaint o'i hamser prin er eu lles. Bu'n ganolbwynt i'w bywydau cynnar, yn dŵr cadarn iddynt, yn athrawes, yn wir y dylanwad pennaf a fu arnynt yn eu blynyddoedd ffurfiannol. Hwyrach na chawsant fawr o gwmni plant eraill yn ystod y cyfnod hwnnw ond o edrych yn ôl roedd y ddwy yn bendant o'r farn fod y bywyd a dreuliwyd yng nghwmni 'Grani' wedi ymylu ar fod yn un cwbl berffaith.

Difyr a dadlennol yn y gyfrol yw'r cyfeiriadau mynych at y gwŷr enwog, hufen y dadeni llenyddol yn Iwerddon, a ddôi yn eu tro i aros yn Coole. Ond nid pobl i'w hofni, llai fyth i'w hedmygu, nac i beri unrhyw lyffetheiriau arnynt hwy eu dwy oedd y cyfryw rai pan fyddent o gwmpas y lle chwaith. Wedi'r cwbl nid yw pobl bwysig na phobl enwog byth yn bwysig nac yn enwog yng ngolwg plant. Ac oni pherthynai iddynt hwythau yr un ffaeleddau dynol â phawb arall? Ffrindiau Nain oeddynt, dim mwy na dim llai na hynny, pobl gâi eu gwahodd i ymuno yn eu chwarae pan fyddent hwy eu dwy wedi dechrau diflasu ar gwmni ei gilydd.

Tipyn o glown, fel enghraifft, yn eu golwg hwy oedd Oliver St John Gogarty, rwdlyn a oedd byth a hefyd yn cracio bob mathau o ryw hen jôcs gwirion nad oeddynt yn ddigri o gwbl. Hwyrach fod y bobl hŷn yn cael rywfaint o bleser yn gwrando arno'n bytheirio ond o'u safbwynt hwy fasa waeth iddo falu awyr mewn Lladin neu Esperanto ddim!

Un digon od oedd Seán O'Casey yntau. Byddent yn gwaredu am na fyddai ef yn gwisgo na choler na thei pan ddôi i aros atynt. Y fath hyfdra. Ond dichon nad oedd hynny yn eu golwg ddim namyn adlewyrchiad o ryw ddiffyg difrifol yn y fagwraeth a gawsai! Er mai fo, o ddigon, oedd y gorau am gerfio ei lythrennau ar y goeden hefyd. Pan ofynnwyd iddo unwaith beth oedd y gyfrinach cawsant eu syfrdanu gan ei ateb oblegid fe geisiodd egluro ei fod wedi hen arfer â thasgau o'u bath am ei fod droeon wedi torri ei enw ar ddrws y *tenement* a fu'n gartre iddo'n blentyn yn Nulyn! Allai'r genod ddim credu eu clustiau. Ni chlywsent erioed am ymddygiad mor anwaraidd er nad oedd ganddynt y syniad lleiaf beth oedd *tenement* chwaith.

Mor wahanol, mor syber ar y llaw arall, oedd W B Yeats. Dyn pell ar lawer ystyr, un nad oedd ganddo ond y nesaf peth i ddim amynedd â phlant. Yn amlach na pheidio fe'u hanwybyddai wrth gerdded yn urddasol heibio iddynt ac yntau wedi llwyr ymgolli yn ei fyd bach ei hun. Mor anghofus yn wir fel y bu iddo un tro gyfarfod ei fab ei hun ar y grisiau yn ei gartre a'i gyfarch yn foesgar: "Deudwch i mi, ŵr ifanc, tybed a ydym ni'n dau wedi cwrdd â'n gilydd rywle o'r blaen?"

Hwyrach iddo sgrifennu cerdd un tro i ddatgan edmygedd o wallt melyn Anne er na werthfawrogwyd mo'i ymdrech ryw lawer ar y pryd chwaith. Rywbeth digon tila oedd y gerdd honno yn ei golwg hi!

Eithr o blith yr holl fawrion oedd yn mynd ac yn dod i Coole, George Bernard Shaw oedd ffefryn mawr y genod. Roedd o'n gymaint o sbort bob amser ac yn mwynhau cwmni plant. Er nad oedd dim pall ar ei hen gyfrwystra chwaith. Y dewis bob bore amser brecwast yn ystod y rhyfel oedd naill ai cael taenu menyn neu jam ar eu tost – yn sicr nid y ddau. Ond fe fynnodd y dramodydd mawr oresgyn y broblem honno'n eitha rhwydd canys fe'i daliwyd fwy nag unwaith yn taenu menyn ar un ochr y dafell ac yna wedi ei throi drosodd yn rhoi jam ar yr ochr arall! Ond cafodd gwymp go ddifrifol oddi wrth ras un tro pan ddaliwyd ef yn twyllo wrth chwarae 'cuddio gwniadur' yn y lolfa. Bryd hynny roedd yn anodd dirnad prun ai nhw ai fo oedd y mwyaf plentynnaidd. Fe'i daliwyd yn edrych rhwng bysedd ei ddwylo, oedd i fod i orchuddio'i lygaid, pan oedd un ohonynt hwy yn cuddio'r gwniadur mewn rhyw fan neilltuol. A dyna hi'n ffrae fawr rhyngddynt – y ddwy wedi pwdu'n lân loyw ac wedi digio. Ni chymodwyd hwy am sbel go lew chwaith nes iddynt yn rasol faddau iddo yn y diwedd ei holl gamweddau drwy anfon i'w gartre yn Llundain focs yn llawn o'i hoff afalau o un o berllannau Coole. Ymatebodd yntau'n syth drwy anfon cerdd hir o ddiolch iddynt, un oedd wedi ei sgriblio â'i law ei hun ar bum cerdyn post. Hwyrach nad oedd y farddoniaeth o safon uchel ond yn y pennill cyntaf mae'n gwamalu fel a ganlyn:

Two ladies of Galway called Catherine and Anne
Who some call Acusha and some call Alanna,
On finding the gate of the fruit garden undone
Stole Grandmother's apples and sent them to London.

Weithiau hefyd câi'r ddwy fynd efo Nain ar ymweliad â'r Abbey yn Nulyn a dyna antur oedd honno pan gaent gyfle i gyfarfod mwy o wŷr a gwragedd enwog y cyfnod, rhai fel yr actores Sally Allgood a oedd bob amser mor annwyl a chlên neu Barry Fitzgerald a wnâi iddynt chwerthin. Ond creadur surbwch, hynod ddiserch oedd y scilffyn tenau o ddramodydd Lennox Robinson. Doedd gan hwnnw ddim oll i'w ddweud wrthynt.

Yn ôl yn Coole treulient oriau lawer yn diddanu ei gilydd ac yn cyflawni bob mathau o ddireidi o gwmpas y lle. Dyna'r tro hwnnw y bu iddynt ddisgyn yn wancus ar becyn bwyd y garddwr druan gan gladdu pob briwsionyn o'i ginio a'r rheini y math o frechdanau na chlywsent cystal blas ar eu tebyg erioed! Da o beth fodd bynnag nad aeth y garddwr ddim i chwidlo wrth eu nain ac yntau yn gwybod yn burion pwy oedd y troseddwyr.

Dwyn afalau wedyn a'u cuddio yng ngwaelodion eu nicars er mwyn cael rhywbeth i'w fwyta pan aent i ddringo coed. Roeddynt wedi casglu eitha cnwd o afalau un tro fel bod cerdded o dan y fath amgylchiadau fymryn yn anodd. Er hynny roedd y lastig yn eu dal yn rhyfeddol. Ond pan ddigwyddodd eu mam ac Augustus John ddod ar eu traws a'u gweld yn cerdded mor afrosgo dechreuwyd holi. Bu raid iddynt hwythau mewn sachlïain gyfadde'r trosedd a hynny er mawr ddifyrrwch i'r arlunydd a fu'n chwerthin yn afreolus am hydion o fod yn dyst i'r fath senario.

Yn bymtheg oed cafodd Anne ei dwyn o flaen ei gwell am yrru modur yn llawer rhy gyflym. Roedd Catherine wedi cymryd yn ei phen i gyrchu at y bwtsiar lleol, wedi cael gafael ar lygad dafad ganddo ac wedi ei lapio'n ofalus mewn bocs matsys a'i bostio'r union fore hwnnw – o ran hwyl – i un o aelodau teulu St John Gogarty. Pan glywodd ei nain am y peth gyrrwyd Anne druan, a oedd yn gwbl ddieuog o gynllwynio mor ddieflig, ar frys gwyllt yng ngherbyd y teulu i Gort i atal y post rhag i'r parsel amheus gychwyn ar ei daith. Ac er mai lled gyfyng, a dweud y lleiaf, oedd ei phrofiad wrth lyw unrhyw gerbyd fe yrrodd yn orffwyll tuag yno; ond cafodd ei dal gan yr heddlu ac fe roddwyd chweugain o ddirwy iddi yn y fargen. A dyna'r unig staen a fu ar ei record yrru mewn oes faith!

Am ddeufis o ddiwedd Gorffennaf hyd ddiwedd Medi bob blwyddyn fe symudai'r teulu ynghyd â nifer o'r gwasanaethyddion ugain milltir i ffwrdd i Mount Vernon, eu tŷ haf ar gyrion y Burren yn swydd Clare. Y fath strach oedd honno. Teithio mewn waganét yn drwmlwythog o eitemau o lygej na fyddai eu gwir angen arnynt yn ystod yr arhosiad tra bod y fuwch, y boni fach a Tomi'r mul yn gorfod ei cherdded hi bob cam o'r ffordd. Nid syndod y byddent oll wedi hen ymlâdd cyn cyrraedd pen eu taith. Ond hafau hyfryd, hirfelyn fyddai'r hafau hynny bob un i'r ddwy eneth fach.

Daeth y cyfan i'w derfyn, fodd bynnag, a hynny gyda thristwch gwirioneddol yn 1932 pan fu farw eu nain. Iddynt hwy eu dwy roedd yn ymddangos bod y byd ar ben. O leiaf roedd yn ddiwedd cyfnod canys dyna roi cychwyn wedyn ar y chwalfa fawr. Yn wir pan fu farw Augusta Gregory yn bedwar ugain oed y mis Mai hwnnw fe amddifadwyd byd llenyddol Iwerddon o noddwraig dra arbennig. Nid rhyfedd i W B Yeats dystio iddi fod iddo ef 'yn fam, yn ffrind, yn chwaer, yn frawd, yn bopeth'. Ni allai amgyffred ei fyd hebddi, hi a roesai i'w feddyliau aflonydd gadernid urddas. Eithr cymaint mwy y golled i'w dwy wyres.

Yn dilyn marwolaeth ei mab yn 1918 roedd hi wedi ymlafnio i sicrhau mai ei hŵyr, Richard, a fyddai rhyw ddydd yn etifeddu'r stad, ond er ei holl ymdrechion fe'i gorfodwyd yn 1927 i werthu'r cyfan i'r Comisiwn Tir Gwyddelig ar yr amod ei bod hi yn cael treulio gweddill ei dyddiau yno. Ond o fewn tri mis yn dilyn ei marwolaeth fe chwalwyd holl gynnwys y cartref mewn ocsiwn ac o fewn ychydig flynyddoedd wedyn fe ddiflannodd y tŷ yn ogystal drwy iddo gael ei ddymchwel garreg wrth garreg. A bellach, ei le nid edwyn ddim ohono ef mwy, er bod canolfan erbyn hyn wedi ei sefydlu yn y fan lle gynt y bu'r stablau i roi ryw syniad i ymwelwyr am y gogoniant a fu. O drugaredd hefyd y mae'r parc ar agor yn feunyddiol fel y gall y cyhoedd dramwyo'n ddilyffethair i bob cornel ohono.

Rai blynyddoedd yn ôl fe recordiwyd rhaglen ddogfen ar radio Iwerddon, un a ailddarlledwyd yn lled ddiweddar, yn cofnodi fel y bu i'r ddwy chwaer ddychwelyd i Coole am y tro cyntaf ers trigain mlynedd. Erbyn hynny roedd Anne Gregory de Winter dros ei phedwar ugain a'i chwaer, Catherine Gregory Kennedy, ddim ond dwy flynedd yn iau. Ac yno y buont am awr neu ddwy yn cyfnewid atgofion wrth gerdded yn fyfyrgar o gwmpas y lle. Er hynny ni chaed yr un sylw ganddynt ynghylch y ffaith fod y tŷ bellach wedi ei chwalu. Penderfynu cadw teimladau o'r fath yn eu calonnau a wnaethant er eu bod yn eithriadol falch o sylwi bod y stablau wedi eu gweddnewid yn ganolfan ymwelwyr. O gerdded drwy'r coed wedyn fe ymfalchïent yn y ffaith fod y llwybrau'n cael eu cadw mor daclus, er mai'r un oedd y nodyn y mynnent ddychwelyd ato drachefn a thrachefn: "It was such a long, long time ago."

Fe'u gwelwyd yn dychwelyd yn eithaf selog am ychydig flynyddoedd wedi hynny hefyd i'r Autumn Gathering, fel y'i gelwir, sef cyfres o gyfarfodydd a darlithoedd a gynhelir bob diwedd Medi i ddathlu gweithgarwch llenyddol eu nain. Hynny yw nes y bu Catherine farw. Ac ymhen dim o dro wedyn fe ddechreuodd Anne hithau glafychu. Bu'n diodde'n hir oddi wrth glefyd Alzheimer yn ei chartref yn Nyfnaint cyn iddi hithau ymadael yn 2008.

Roedd hi'n hydref y tro diwethaf y bu i ninnau roi tro o gwmpas y lle, ond allai dyn lai na synhwyro y diwrnod hwnnw wrth aros i ryfeddu o'r newydd at y llythrennau a dorrwyd ar fongorff y ffawydden goprog fod ysbrydion cewri'r gorffennol, O'Casey, Synge, Shaw, Gogarty a'u tebyg, yn dal i hofran o gwmpas y lle o hyd. Yr un modd, wrth hel meddyliau yn y tawelwch yno ar lan y llyn ac wrth alw i gof eiriau Yeats,

The trees are in their autumn beauty,
The woodland paths are dry,
Under the October twilight the water
Mirrors a still sky...

fe gaem y teimlad nad dim ond ni yn unig oedd yno.

Ond doedd yr elyrch a welsai ef yn heidio yno unwaith, gryn drigain namyn un ohonynt, ddim i'w gweld mwyach. Roedd hi'n amlwg eu bod wedi hen adael i rywle arall ac nad oedd tebygrwydd y byddent yn dychwelyd chwaith, nid yn eu niferoedd megis gynt beth bynnag. Eithr wrth gerdded

137

drwy'r coed yn ôl i'r maes parcio y diwetydd hwnnw â'r dail
yn disgyn fesul un ac un, awn ar fy llw 'mod i'n clywed rhyw
siffrwd rhwng y brigau uwch fy mhen a rhywun yn taro alaw
led gyfarwydd i eiriau y taerwn 'mod i wedi eu clywed o'r
blaen rywbryd. Goddefer y rhydd gyfieithiad:

O nawr dywed Sean O'Farrell
Ble y cawn ni gwrdd ar hynt,
Ai wrth lecyn ger yr afon
Man y cwrddom droeon gynt?

Un gair arall, dyro arwydd
Rho chwibaniad yn ddifraw
Gyda'th bicell ar dy ysgwydd
Pan fo'r lloer yn codi draw...

A dyna ninnau'n cael ein cludo'n syth i theatr Queen's yn
Nulyn ar y nos Wener honno o Awst bum mlynedd a deugain
yn ôl pan groesodd y Fonesig Augusta Gregory, Coole Park,
ger Gort, Swydd Galway yng ngorllewin yr Iwerddon Rydd
ein llwybr am y tro cyntaf erioed.

Brid sy'n prinhau

NEWYDD DDARLLEN YN Y wasg yr ydw i fod prifathrawon ysgolion wedi dechrau mynd yn rhywogaeth y mae perygl mawr iddi ddarfod o'r tir.

O leia rwy'n deall nad oes yna bellach – ddim megis gynt beth bynnag – ruthro diurddas i gynnig am swyddi pan gânt eu hysbysebu. Mae ymgeiswyr wedi mynd yn bethau prin meddir a hynny yn achos pryder, onid yn ymylu ar fod yn argyfwng mewn ambell awdurdod addysg.

Yn sicr nid dyna'r sefyllfa fel yr oedd, a hynny barodd i ddyn fynd ati i hel meddyliau ac i ddwyn ar go' rai prifathrawon y'm tynghedwyd i i weithio o dan eu harweiniad mewn dyrnaid o ysgolion uwchradd gwahanol yn ystod gyrfa fu'n ymestyn dros gyfnod o saith mlynedd ar hugain.

Pedwar o ran nifer; pedwar pur annhebyg i'w gilydd hefyd a phedwar oedd yn amrywio'n fawr o ran eu hathroniaeth, eu gweledigaeth a'u galluoedd gweinyddol. Ambell un gwell, ambell un gwaeth; y naill yn gweithredu'n effeithiol, y llall hwyrach heb fod cystal; ysgol un yn rhedeg fel wats, ysgol y nesa yn rhedeg ar ei waetha. Ryw gymysgfa ryfedd fel yna.

Yn ninas Lerpwl y bu i mi ddechrau bwrw 'mhrentisiaeth. A bedydd tân oedd hwnnw yn Ysgol Uwchradd Fodern Roscommon Street, ysgol i fechgyn a swatiai dan gysgodion blociau fflatiau ugeinllawr y Braddocks ar gyrion Scotland Road, un o'r ardaloedd ymysg y mwyaf difreintiedig y gellid meddwl amdani. Nid bod yr adeilad na'r ysgol ei hun yn teilyngu'r enw o fod yn 'fodern' cofier. Lle o boen i gosbi pechod oedd o, sefydliad y buasai hyd yn oed Charles Dickens a oedd yn eitha cyfarwydd â lleoedd o'u bath yn ystyried ei fod fymryn, a dweud y lleiaf, yn gyntefig.

Rawbottom, dyna gyfenw anffodus y prifathro. Wna i ddim, yn enw gwedduster, datgelu beth oedd y disgyblion yn ei alw! Un a oedd yn berchen y meddylfryd militaraidd ac un a fuasai yn lifftenant cyrnol yn y fyddin ar un cyfnod, a doedd ganddo fawr o ddiddordeb, llai fyth o amynedd, mewn ceisio rhoi newyddian anaeddfed i'r proffesiwn ar ben ei ffordd. Nid rhyfedd i mi fod yn fethiant tu hwnt o ddisglair yn ystod yr unig dymor y bûm i yno.

Y gansen oedd unig ateb y Rawbottom i bopeth. Chlywais i mono gymaint ag unwaith yn llefaru gair caredig wrth yr un o'i ddisgyblion. A sôn am hirwr! Roedd fel petai'n cael pleser diderfyn o'u lambastio'n ddu las, y crymffastiau hynaf yn arbennig felly. Dyna, fel yr ymddangosai i mi beth bynnag, oedd ei brif ddiléit. Rhuthrai i unrhyw ystafell ddosbarth fel dyn gorffwyll, yn dawnsio gan gynddaredd a'i brint yn goch fel ceiliog twrci i lusgo pechadur allan gerfydd ei wallt cyn ei fartsio'n ddiseremoni ar hyd y coridor gan ei gelpio a'i glustochi gydol y ffordd i'w stydi. Ac yno, yn ôl y sgrechfeydd a dreiddiai drwy'r muriau, y gweinyddid cosb y byddai'r troseddwr yn cofio amdani hyd derfyn ei ddyddiau ar yr hen ddaear 'ma. Hunlle o dymor fu hwnnw i minnau dan lywodraeth unbenaethol y Rawbottom a dirfawr ryddhad ar drothwy'r Nadolig y flwyddyn honno oedd cefnu arno ef a'i ysgol am byth. Bu bod yno yn brofiad i'w anghofio er na lwyddais i erioed i wneud hynny chwaith!

Pennaeth tra gwahanol oedd hwnnw a ofalai am Ysgol Arnot Street dan gysgodion stadiwm Goodison Park, pencadlys tîm pêl-droed Everton, yn ardal Walton lle'm trosglwyddwyd ar derfyn fy ngyrfa fer fethiantus yn Roscommon. Creadur byr digon eiddil o gorffolaeth a didramgwydd o ran ei bryd a'i wedd o'r enw Ernest Winter oedd y prifathro, un nad oedd yn ddisgyblwr od o lym ar ben hynny chwaith, eithr y peth pwysicaf o'i blaid oedd nad ymyrrai ond y nesaf peth i ddim yng ngwaith ei athrawon.

Yn wir yr oedd dyn yn dyheu weithiau, petai hynny ddim ond unwaith yn y pedwar amser, am ei weld yn troi i mewn i'r dosbarth am sgwrs ynghylch ambell i fater, o leia i ddangos rywfaint o ddiddordeb yn yr hyn a ddigwyddai o'i gwmpas. Ond o fedru cau ei ddrws heb fod hen broblemau diangen yn codi eu pennau i darfu ar ei heddwch roedd yn berffaith ddedwydd a chaem ninnau bob un dragwyddol ryddid i weithio'n hiachawdwriaeth ein hunain.

Er hynny roedd ganddo ei bobl, ei ffefrynnau felly, ymhlith aelodau ei staff – nodwedd all fod yn wendid mewn unrhyw brifathro am fod tuedd wedyn ymysg y rhai nad ydynt yn aelodau o'r cylch cyfrin i fod yn dra drwgdybus o'r rhai breiniol rhag i'r rheini, yn gyfnewid am ambell ffafr, gario straeon iddo yn ei Gysegr Sancteiddiolaf.

O flaen dim rhoddai bwyslais ar weithgareddau awyr agored a chanddo awydd angerddol, bron obsesiynol, am weld ei ysgol yn disgleirio'n arbennig mewn gornestau yn y pwll nofio. Ond roedd hwnnw y math o weithgaredd nad oedd gen i'n bersonol yr un rhithyn o ddiddordeb ynddo. Gan hynny, penyd digon creulon ar foreau Gwener oedd gorfod martsio fy nosbarth drwy'r strydoedd cefn i lawr hyd at y baddonau cyhoeddus ar Queen's Drive. Gallai'r hogiau nofio fel sliwod gynted â'u bod yn y dŵr er na ryfygwn i ymuno â nhw chwaith. Cerdded ôl a blaen ar hyd ymylon y pwll oedd fy nhynged i er gwarantu nad oedd yr un creadur yn mynd i drafferthion. Siawns go shiabi er hynny fyddai gan unrhyw druan i oroesi petai'n gorfod dibynnu arna i o bawb i'w achub. Ond pe llwyddai ei ysgol i ennill cwpan neu darian mewn ambell gala fe fyddai hwyliau rhagorol ar Ernest Winter am ddyddiau lawer.

Eithr ei brif a'i bennaf ddiddordeb, y tu allan i oriau ysgol, oedd bod yn perthyn i frid sydd yntau hefyd wedi mynd yn un digon prin erbyn heddiw, sef brid y morys ddawnswyr. Yn ystod y tymor fe fyddai'n dyheu am ryddid y penwythnosau pan gâi ef a'i griw gyrchu yn eu closau pen-glin a'u crysau silc, eu sanau gwynion a'u sgidiau dal adar i daro'u pastynau yn erbyn ei gilydd mewn sioeau a charnifalau ledled y wlad. Er na alla i yn fy myw feddwl am ddau *macho* fel Rawbottom Roscommon neu Wyn Jackson Ysgol Eifionydd yn ddiweddarach yn ymhél â ffwlbri honedig fursennaidd o'r fath chwaith!

Ar ddychwelyd yn athro i Fôn y rhoddaswn fy mryd ond roedd y swyddi yno'n rhai hynod brin a doedd y rhagolygon y byddai unrhyw ddrws yn agor yn y dyfodol agos ddim yn rhy obeithiol. Gan hynny, ac wrth godi'r *Times Educational Supplement*, fel y gwnawn yn selog bob bore Gwener ar fy ffordd i'm gwaith yn Arnot Street, dyna sylwi ar hysbyseb am athro i roi hyfforddiant mewn Scripture Knowledge, canys dyna fel yr adwaenid y pwnc bryd hynny, yn Ysgol Ramadeg Newton-le-Willows; ac er na wn i ddim beth ar y ddaear fawr lydan ddaeth drosta i, oni bai 'mod i'n wir ddesbrad, fe gynigiais amdani. Roedd y cais i'w anfon drwy lythyr at y prifathro, rywun oedd yn arddel cyfenw dwbwl- onid yn wir drebal-baril crand gynddeiriog – T P St John Harper-Digby MA (Cantab.) neu rywbeth tebyg.

A chwarae teg, erbyn gweld, dyn hynod glên oedd y dywededig fonwr St John Harper-Digby MA (Cantab.) – ar yr olwg gyntaf hynny yw – oblegid mewn llai nag wythnos derbyniais lythyr oddi wrtho yn fy ngwahodd yn gynnes i fynd yno erbyn chwarter wedi pump o'r gloch y nos Wener ganlynol am gyfweliad.

Nid yn annisgwyl, sefydliad nodweddiadol Seisnig oedd Ysgol Ramadeg Newton-le-Willows, un y prysurwyd i'm sicrhau gan ysgrifenyddes y pennaeth, gynted â'n bod wedi cyrraedd y lle, yr oedd iddo draddodiad hir a thra anrhydeddus. Dau ohonom oedd yn y ras, y naill yn ŵr canol oed a chanddo flynyddoedd o brofiad fel athro ond heb arbenigedd, yn ôl ei addefiad ei hun, yn y pwnc a minnau y llall.

Toc fe wnaeth yr Harper-Digby MA ei ymddangosiad mewn gŵn llaes du Cantab hyd at ei fferau. A chydag osgo beth yn nawddoglyd gwahoddwyd yr ymgeisydd arall i fynd o flaen ei well yn gyntaf. Cafodd ugain munud da i gyflwyno'i achos tra 'mod i druan yn pletio 'modia wrth aros fy nhro yn dra chrynedig.

Yng nghyflawnder yr amser fe'm galwyd innau gerbron ryw ddwsin o'r llywodraethwyr gyda'r cadeirydd yn holi'n dreiddgar. Prin 'mod i wedi cael ugain munud chwaith oblegid fe ddaeth yn bur amlwg nad oedd eisiau chwarter hynny i lunio barn am fy nghymhwyster i i lenwi'r swydd; a chymerodd hi ond y nesa peth i ddim iddynt wedyn ddod i'w penderfyniad canys cyn i mi gael fy ngwynt ataf 'rôl dychwelyd i'r ystafell aros yr oedd yr ymgeisydd arall wedi ei wahodd i mewn am yr eildro i gynnig y swydd iddo.

Nid nad oedd gan y prifathro eiriau o gysur i'w cynnig i minnau cyn ffarwelio, dealler: "Thank you for coming, Mr Owen..." meddai, â'r daten choeliwn i byth erbyn hynny wedi poethi fwyfwy yn ei geg a chan ychwanegu, "Of course your travelling expenses will be reimbursed... and I should also like to add that the governors liked you most awfully" (beth bynnag oedd hynny i fod i feddwl!) "but we did consider that your rather strong Welsh accent would militate against you in an establishment such as ours..." Wel! "Good luck...," ac wrth ysgwyd llaw yn llipa yn datgan: "Goodbye! And we do hope that you will be able to secure a suitable post in, shall we say, a more agreeable environment soon."

A dyna finnau'n gorfod ei gneud hi'n ôl yn drist a distaw i lannau Merswy ond gydag argyhoeddiad nad oedd St John Harper-Digby MA (Cantab.) yntau ddim y math o brifathro y byddwn i'n ffansïo gweithio dano rywsut. Heddiw fe fyddai'r parchus ŵr, MA (Cantab.) neu ddim, wedi ei alw i gyfrif am ei sylwadau sarhaus y caent eu hystyried yn ymylu bellach ar fod yn rhai hiliol.

Er mai'r awr dywyllaf yw'r agosaf i'r wawr bob gafael, canys erbyn dechrau Ionawr 1961 roedd y niwl wedi codi a minnau wedi f'apwyntio i swydd Pennaeth Adran Addysg

Grefyddol Ysgol Eifionydd ym Mhorthmadog, lle nad oedd fy acen o leia yn milwrio yn fy erbyn.

Ifor Jones, gwyddonydd diwylliedig, un o blith y rhai addfwynaf a wisgodd esgid erioed – llawer rhy addfwyn er ei les ym marn rhai – oedd y prifathro yno. Dim ond ef ynghyd â chadeirydd ei reolwyr, yr ardderchog Barch. J P Davies, oedd wedi'm cyfweld er nad oedd Ifor fel pe bai â gormod o ddiddordeb yn y gweithgareddau y prynhawn hwnnw chwaith. Fe dreuliodd gyfran helaetha'r hanner awr y buwyd yn fy holi yn ofer erlid anghenfil o bry ffenast a oedd yn hofran yn stwrllyd o gwmpas gan adael i'w gadeirydd roi ei linyn mesur ar yr ymgeisydd.

Ni chredai Ifor Jones – O! mor wahanol i'r Rawbottom – mewn gweinyddu unrhyw fath o gosb gorfforol ar unrhyw droseddwr, a mater i bob athro unigol oedd hi yn Ysgol Eifionydd fel yn Arnot Street i weithio unwaith eto ei iachawdwriaeth ei hun. Doedd dim awdurdod uwch i apelio ato mewn argyfyngau disgyblaethol a phe digwyddai i bethau ymylu ar fynd dros ben llestri ambell waith a chitha ar ben eich tennyn yn gorfod curo wrth ei ddrws, fe lwyddai'r prifathro'n gyfrwys a deheuig dros ben i roi llaw ar ben unrhyw gi brathog. Gwrandawai'n astud yn llawn cydymdeimlad ar yr hyn oedd gan yr achwynwr i'w draethu cyn mynd rhagddo i gydnabod bod yna hwyrach dipyn o broblem ynghylch yr achos neilltuol y byddid yn ei drafod ond gan geisio diffiwsio'r cyfan drwy ddod â'r sgwrs i'w therfyn drwy holi, "Glywsoch chi hon, Mistar Ŵan... a ma hi'n un dda...," gan fynd yn ei flaen i gracio'r jôc ddiweddara a glywsai hwyrach yn y Lodge rai nosweithiau ynghynt. Ac yr oedd o'n sgut am jôcs. Dyna ei erfyn cryfaf. Er nad oedd y mwyafrif ohonynt yn ddigri bob amser chwaith. Chitha wedyn yn gadael ei ystafell heb fod yr un mater wedi ei ddatrys ond eich bod hwyrach yn teimlo beth o leiaf yn well o fod wedi cael cyfle i leisio'r gŵyn.

Trefn mewn anhrefn a deyrnasai yno gan amlaf, er – a dyna'r paradocs – bod yr awyrgylch rownd y rîl yn un eithriadol hapus a'r prifathro'n llwyddo'n gyson ddi-feth ac ar waetha popeth i gynhyrchu *esprit de corps* rhwng athrawon a disgyblion na theimlais i mo'i debyg na chynt nac yn sicr wedyn chwaith. Chafodd yr un plentyn erioed gam gan Ifor Jones, y mwynaf, ia, ac fe'i dywedir eto, y caredicaf o blant dynion. Ac fe fydd gen innau barch i'w goffawdwriaeth tra byddwyf. Yn wir fe awn mor bell â haeru mai iddo ef y perthyn y clod neu'r anghlod – mae'n dibynnu'n union ar safbwynt y cyn-ddisgyblion – 'mod i wedi cartrefu mor rhwydd yn y dref ac wedi treulio digon agos i hanner canrif erbyn hyn yn y gornel hyfryd hon o Eifionydd. Boed heddwch i'w lwch.

Ei olynydd fel prifathro oedd R Wyn Jackson – 'cofi dre' a ymfalchïai beunydd ei fod yn frodor o'r 'ddinas nid anenwog' honno. Ar ôl graddio mewn daearyddiaeth yn Aberystwyth roedd yntau wedi bwrw tymor yn athro ar lannau Merswy a thymor arall yn Ysgol Friars Bangor cyn ei benodi'n bennaeth adran yn Ysgol Dyffryn Nantlle. Bu wedyn am gyfnod byr yn swyddog addysg gydag awdurdod Gwynedd cyn ei ddyrchafu'n brifathro Ysgol Eifionydd yn 1966. Ond yr oedd ei enw fel disgyblwr llym wedi hen gyrraedd o'i flaen yn y Port a datganiad wedi ei briodoli iddo – er mai o'r Apocryffa siŵr gen i y tarddodd y stori honno – o'i fwriad unwaith y byddai wedi cyrraedd "i droi'r gwersyll gwyliau yno i'r hyn y dylai fod, sef ysgol go iawn!"

Un o'r fath galibr ym marn rhai oedd ei angen yn Ysgol Eifionydd erbyn hynny, ac ni chafodd y sawl a goleddai'r cyfryw ddisgwyliadau mo'u siomi. O'r bore cyntaf un fe aeth ati i weithredu ei weledigaeth i osod pethau mewn trefn – yn ei ystyr ef o drefn felly. Roedd rhai hyd yn oed o blith ei athrawon, heb sôn am y disgyblion, yn arswydo gorff ac enaid pan glywent ef yn brasgamu hyd y coridorau, yn bygwth a rhefru, yn taranu ac yn chwifio'r gansen wrth osod y ddeddf i lawr.

Nid bod ei 'drefn' yntau'n dderbyniol gan bawb chwaith. Rhy oddefgar, rhy garedig, rhy lac, dyna'r gŵyn yn erbyn yr oruchwyliaeth flaenorol. Rhy lawdrwm, rhy haearnaidd, rhy orthrymus oedd y cyhuddiad yn erbyn y newydd. Ond onid anwadal a chwit-chwat fel yna fu'r natur ddynol erioed, a phe bai'r fath greadur wedi ei greu â phrifathro cwbl berffaith fe fyddai rywun bownd o weld bai hyd yn oed ar hwnnw.

Yr unig beth ddyweda i yw i mi gael 'Jakes' yn brifathro wrth fy modd. Hwyrach fod iddo ei wendidau. Pwy wedi'r cwbl sydd hebddynt? Ond os oedd o'n tueddu i fod beth yn unbenaethol ar brydiau, despotiaeth ddigon tadol oedd hi a'i gyfarth bob amser yn waeth na'r un brath o'i eiddo. Os oedd athro'n cyrchu i'w wersi'n brydlon ac yn ei gau ei hun yn ei ystafell ddosbarth doedd yntau yn ymyrryd dim ag ef. Creodd hinsawdd yn ei ysgol y gallai'r mwyafrif ohonom weithio'n rhwydd ynddi. Beth mwy oedd ei angen?

Rhoddai bob amser le teilwng, yn wir y flaenoriaeth, i'r Gymraeg yn ei ysgol. Nid ei fod ef ei hun yn alluog i'w thraethu yn ei holl burdeb cynhenid chwaith! Heb orfanylu ynghylch y peth roedd ambell ddywediad o'i eiddo yn tueddu i ferwino clustiau rhai ac ambell gam gwag ieithyddol, neu falapropiaeth drwsgwl, yn destun cryn hwyl a thrafod ar dro y tu ôl i ddrysau caeëdig yr ystafell athrawon.

Ond ni phoenai ef am fanion honedig ddibwys o'u bath. Cofiaf iddo ar un achlysur gael ei wahodd i annerch cyfarfod o Eglwysi Rhyddion Gogledd Cymru, a ddigwyddai gael ei gynnal ym Mhenrhyndeudraeth, ar argymhellion adroddiad Gittins ar gyfer addysg grefyddol. Yn rhinwedd fy swydd gorfu i minnau fynd i'w ganlyn. Fe wyddwn yn burion mai fi fyddai'n gorfod cario pen trymaf y baich y diwrnod hwnnw canys doedd addysg grefyddol bob amser ddim yn un o'r pynciau agosaf at ei galon, ac fe dreuliais nosweithiau'n paratoi mymryn o druth ar gyfer yr achlysur. Ar ein ffordd yno mentrais gynnig y sylw 'mod i fymryn yn betrusgar o feddwl am draethu gerbron y fath gynulliad, dim ond i gael ateb digon siarp yn ôl: "Waeth am y ffernols, Mr Ŵan bach, it'll all come clean in the next week's wash, wchi."

A dyna'i athroniaeth. Doedd dim angen pryderu am ddim oll. Dôi popeth yn lân gyda'r golchiad nesaf! Ba ots am bethau dibwys? Dim ond i ddyn gael y pyrspectif iawn, beth bynnag yn ôl ei linyn mesur ef oedd y pyrspectif hwnnw felly.

Doedd ganddo chwaith fawr o barch, llai fyth o amynedd, a dim oll i'w ddweud wrth Arolygwyr ei Mawrhydi a phwysigion o'r swyddfa addysg a ddôi heibio ar eu hald. Nid oedd fyth groeso i'r cyfryw rai. Yn wir yn y cyswllt hwn fe gyfeiriodd Penri Jones, a fu'n bennaeth Adran y Gymraeg yn yr ysgol, wrth iddo lunio ysgrif goffa am Jackson ar gyfer papur bro *Y Ffynnon*, at ddigwyddiad pan alwodd ryw bwysigyn yn yr ysgol un prynhawn i drafod ryw fater addysgol yr ystyriai ei fod yn un o dragwyddol bwys. Bu'n ceisio dal pen rheswm yn llawer rhy hir ynghylch y mater ym marn y prifathro nes y bu raid iddo yn y diwedd geisio rhoi taw arno drwy ddatgan yn bur bendant fod yn rhaid dod â'r drafodaeth i ben am fod cwpwl arall yn aros amdano wedyn. Ond unwaith y cafodd wared ag o fe eglurodd yn llawn direidi mai 'cwpwl o beints' yn y clwb golff oedd yn aros amdano yn anad dim arall!

Dyna oedd mantais y drefn a fodolai yr adeg honno sef fod ganddo'r rhyddid i redeg ei ysgol fel yr oedd ef yn dewis heb ymyrraeth o'r tu allan na gormod o'r gwaith papur a ddaeth yn gymaint o fwrn ar athrawon yn ddiweddarach.

Ond o sôn am drefn, doedd y fath beth â threfn ddim yn bosib yn ei olwg o heb ddisgyblaeth. Dyna'r unig ffordd i sicrhau bod y disgyblion yn cael yr addysg orau a bod yr athrawon yn cael llonydd i gyfrannu'r addysg honno yn ddilyffethair. Mae'n wir y byddai ef a'i siort dan glo rywle heddiw o fabwysiadu dulliau oedd yn gymeradwy bryd hynny ond sydd yn bur annerbyniol yn hyn o fyd. Fe'i gwelaf ac fe'i clywaf y munud hwn yn martsio'n bwrpasol, bron yn rhedeg ar ffulltuth ar draws yr iard, ei glogyn du yn chwyrlïo y tu ôl iddo ac yntau'n taranu wrth lusgo pechadur i'w ystafell i dderbyn ei gosb. Byddai'r lle yn gwreichioni'n wynias a'r rhegfeydd yn glasu'r awyr: "Aros di'r cythral drwg... mi blinga i chdi'r diawl bach...," a phe digwyddai i un o'i athrawon fynd heibio ar y pryd rhoddai winc fach slei ar hwnnw. Ond pe digwyddai mai fi a fyddai'r athro fe sibrydai o dan ei wynt: "Sgiws ddy langwej, Mr Ŵan... Ma'r cythra' drwg yn gofyn amdani." O gofio pa bwnc y gofalwn amdano fe ystyriai ef bob amser ei bod yn bwysig iddo roi parch i'r brethyn fel y dywedir! Er y byddwn yn tynnu arno ambell dro wedi iddo dawelu nad oedd raid iddo ymddiheuro i mi o bawb. Onid ef wedi'r cwbl oedd wedi ei godi yn flaenor Methodus? Doeddwn i erioed wedi cael cynnig yr uchel fraint honno.

Ac fe geid areithiau rhybuddiol a tharanllyd cyffelyb, er bod yr iaith wedi ei thymheru peth, yn y gwasanaeth boreol yn yr asembli. Byddai yn ei gaddo hi yn y modd mwyaf chwyrn i rywun byth a hefyd, yn darogan gwaeau dychrynllyd ar unrhyw greadur o blith y bechgyn na fyddai'n gwisgo'i dei yn daclus neu unrhyw un o'r genethod oedd wedi bod yn ddigon blêr i golli 'i beret brown: "If this happens again," rhybuddiai, "I'll thrash him, or her for that matter, within an inch of his or her life," cyn troi mewn ystum ffug ddefosiynol i agor y llyfr emynau i gyhoeddi: "Turn to tudalen ffaif. We'll sing 'Efengyl tangnefedd'. And you boys had better open your mouths. Dw i isio'ch clywad chitha... understand?" Eithr act oedd y cyfan. Act fawr ond un dra effeithiol.

Does dim dwywaith nad oedd rhai o'r plant a fu'n gwingo o dan y drefn honno yn wrthwynebus iddi ar y pryd ond wedi i'w dyddiau ysgol ddod i ben roedd y mwyafrif yn eithaf parod i gytuno iddi fod er eu lles. Sawl un glywais i wedi cyrraedd ohono neu ohoni oedran gŵr neu wraig yn cyfadde: "Fo oedd yn iawn yn y pen draw. Mae angan rhywun fel Jackson heddiw'n does? Mi fasa 'na dipyn gwell trefn ar betha."

Coffa da yn arbennig am gyn-ddisgybl y digwyddais daro arno ar y Stryd Fawr un diwrnod, yntau erbyn hynny yn horwth dwylath deunaw stôn, ei ben yn foel fel swigan lard a chyda thri o blant stwrllyd i'w ganlyn. "Wyddoch chi pwy welis i echdoe...?" holodd. "'Rhen Jackson cofiwch. Rargoledig!

Roedd o'n uffernol o glên chwarae teg iddo... ond hwyrach na choeliwch chi ddim, roeddwn i wedi styrbio drwydda ar ôl bod yn siarad efo fo ac mi fûm yn crynu am un hannar awr solat wedi iddo fynd hefyd!"

Y dylanwad, roedd hi'n amlwg, wedi aros. Ac yn sicr nid ofer fu ei lafur. O dan ei arweiniad ef fe ddaeth Ysgol Eifionydd yn un o'r rhai uchaf ei pharch yng Ngwynedd gyfan. Fe ymddeolodd oddeutu 1998 pryd y cafodd gyfle am gyfnod llawer rhy fyr i deithio peth o'r byd. Byddai'n galw heibio'r aelwyd acw ar dro 'rôl dychwelyd o ambell daith ac yn ystod y sesiynau hynny y dois i'w wir adnabod, i weld yr ochr arall i'w gymeriad, i werthfawrogi ei hiwmor, i ganfod ei fod o dan yr wyneb, wedi iddo dynnu'r masg, yn gymeriad hynod o feddal, o dyner a theimladwy.

Dioddefodd oddi wrth hen afiechyd eithriadol greulon yn ystod ei flynyddoedd olaf. Allai dyn ddim credu rywsut y gallai unrhyw afiechyd gydio yn Jackson o bawb. Ond cydio ynddo a wnaeth clefyd Alzheimer a bu'n dioddef oddi wrtho am saith mlynedd hir. Bu farw ar yr unfed ar hugain o Ragfyr 2007 yn bedwar ugain oed.

* * * * *

A dyna nhw, y dyrnaid o brifathrawon y bûm i yn ceisio gweithredu o dan eu harweiniad. Maent oll wedi hen fynd at eu gwobr bellach. Y pedwar hyn. A'r mwyaf o'r rhai hyn? Wel, yn fy marn fach eitha dibwys i, petai hynny o ddiddordeb i rywun, ac wedi dwys ystyried y mater, rwy'n tybio y cyflwynwn y llawrwyf, er dim ond o drwch blewyn, i Jakes, gyda'r annwyl a'r hoffus Ifor Jones yn ail agos, Winter o Arnot yn drydydd a'r Rawbottom milain a chas ymhell bell ar waelod isa'r rhestr. Yn wir, os etifeddodd hwnnw'r gwynfyd – 'os' a ddywedir cofier – synnwn i damaid heddiw nad yw'n codi arswyd weithiau hyd yn oed ar yr Archangel Gabriel ei hun!

Rwy'n ymatal rhag ceisio dyfalu beth tybed fyddai

tynged T P St John Harper-Digby MA (Cantab.) o'i bwyso yn fy nghlorian. Ond petai wedi f'apwyntio'r pnawn Gwener hwnnw i'w ysgol yn Newton-le-Willows, dichon, wedi'r maith flynyddoedd, y byddai fy acen Seisnig wedi coethi rhyw gymaint erbyn hyn. Fel y mae rwy'n ofni na wnaeth hi ddim. Wnes i fawr o gynnydd yn y cyfeiriad hwnnw yn Eifionydd mewn hanner canrif.

Concro pinacl

TIRWEDD ANNIDDOROL, DYNA DIRWEDD Môn ym marn rhai Philistiaid anwybodus. Mae'n undonog. Mae'n ddiflas. Mae'n bôring. Er na fu cyfeiliorni gwaeth na mwy cibddall erioed yn holl hanes gwledydd cred. Does 'run mynydd ar ei chyfyl yn unman haerir, dim namyn dyrnaid o fân blorynnod. O! genhedlaeth gwiberod. Y fath wenwyn a'r fath ymresymu ffôl ac anghyfrifol. Oni chlywsant am fynyddoedd Eilian a Pharys, am fynydd Garn neu fynydd Twr? Onid yw rheini'n fawr maent yn hen ddigon canys o ddringo i'w copaon ceir gweld digon o bob ryw degwch, y golygfeydd gyda'r mwyaf ysblennydd.

Dro'n ôl – ac yr wy'n ysu am draethu hyn ar goedd gwlad – fe lwyddais i goncro un arall o gribau mawreddog ucheldir gogledd-ddwyreiniol yr ynys a hynny, os goddefir fy nhipyn ymffrost, heb wasanaeth yr un tywysydd na'r un sherpa, heb gymorth na rhaff na chrampon na phigfwyell, na chyflenwad ocsigen na'r un o'r trugareddau honedig angenrheidiol y mae rheidrwydd ar ddringwyr mursennaidd, eto honedig broffesiynol, eu defnyddio. Ac fe'i hystyriaf, beth bynnag fyddo barn pobl y tir mawr yn ei chylch, yn dipyn o orchest, a champ a fydd rhyw ryfedd ddydd, gobeithio, yn sicrhau i ddyn anfarwoldeb ynghyd ag o leiaf bennod gyfan iddo'i hun mewn cyfrol swmpus yn dwyn y teitl *Mynyddwyr Enwog Gwalia* neu rywbeth tebyg! Nid bod yr un o ohebyddion y *Times* wedi bod ar y cyfyl chwaith i dystio i'r digwyddiad ac i anfon y dystiolaeth honno dros y gwifrau i'w bencadlys. Petai hi yn mynd i hynny doedd yr un o ohebwyr Radio Cymru yno wrth droed y mynydd chwaith yn aros i'm cyfweld. Collwyd cyfle euraid am sgŵp. Camp wedi'r cwbl ydyw camp ar unrhyw gyfandir.

Ar fuarth capel ym Mhorthmadog un bore Sul y blagurodd y syniad. Roedden ni newydd ddod allan o'r oedfa pan daclwyd fi gan un o'r blaenoriaid. Cyn-athrawes a chyfarwyddwraig sioeau cerdd, dramâu a phasiantau o bob math yn y dref yw Mavis Lloyd Jones, un y mae ei henw hi a gweithgareddau diwylliannol yn y gornel hon o Eifionydd yn gwbl anwahanadwy.

"Gobeithio na theimli di 'mod i'n ddigywilydd," cychwynnodd yn lled betrusgar, "ond rydw i awydd gofyn cymwynas gen ti."

Fel tad i ddau o blant a fu unwaith mor drwm yn ei dyled roeddwn i'n fwy na pharod i gydsynio ag unrhyw gais o'i heiddo.

"Ffeiar awê," atebais yn syth.

"Fe fûm yn Oriel Môn yn Llangefni yn ddiweddar," meddai, "ac fe brynis lun yno, llun hyfryd o ryw fynydd Bodafon rwla yn y sir. Digon tebyg dy fod ti yn gwbod am y lle fel cefn dy law. Tybed fasa fo rwbath gynnoch chi'ch dau i fynd â mi yno rywbryd? Mi dala i'ch petrol chi..."

Fe'i cawn yn anodd i ymatal rhag gwrido 'dat fona fy nghlustiau o'i chlywed yn ei chymryd hi mor ganiataol 'mod i'n gwbl gyfarwydd â'r fan. Wrth reswm pawb gwyddwn yn burion am yr ardal y cyfeiriai ati. Onid oeddwn i yn fy nydd wedi cyrchu gannoedd o weithiau drwyddi, er na feiddiwn i ddim cyfadde chwaith na fûm i erioed yn fy mywyd yn agos i'r mynydd ei hun heb sôn am ddringo i'w gopa.

A dyna drefnu yn y fan a'r lle yr aem draw yno am bicnic ar y diwrnod braf cyntaf y digwyddai y tri ohonom fod yn rhydd yr un pryd. Yr hyn na wyddai hi y bore hwnnw fodd bynnag oedd ein bod ni acw, drwy gyd-ddigwyddiad nodedig, ddim ond ychydig ddyddiau ynghynt wedi cael bargen yn ocsiwn Rogers Jones ym Mae Colwyn ac wedi prynu llun o'r un mynydd yn union, gwaith y diweddar Harry Hughes Williams, darn o gelfyddyd yr oeddem ninnau wedi gwirioni arno.

Er bod angen bellach decini, er adeiladaeth yr anghyfarwydd, y rhai nas ganwyd yn freiniol, ceisio egluro yn union ple mae mynydd Bodafon. Wedi croesi Pont y Borth – un Telford felly – cymerer yr A5025 am Amlwch. Bydd y ffordd honno 'mhen rhyw ddyrnaid o filltiroedd yn arwain dros fryniau a phantiau Pentraeth. Yn fuan wedyn daw glesni'r môr sy'n golchi fyth i'r lan ar y Traeth Coch i'r golwg. Ond nac oeder yn y Benllech eithr eler ymlaen i Lanallgo lle dylid gogwyddo i'r chwith gan fynd heibio'r eglwys ple claddwyd cynifer o'r rhai a gollodd eu bywydau yn y storm enbyd ar yr ofnadwy nos honno pan hyrddiwyd y *Royal Charter* ar drugaredd creigiau Moelfre. I lawr allt Bwlch Dafarn wedyn i gyrraedd pentref bychan Brynrefail. Petaem yn mynd ymlaen oddi yno dôi cofeb y Morrisiaid i'r golwg ar fryncyn uwchlaw tafarn y Pilot Boat ar y dde er nad oes angen mynd cyn belled â hynny canys pan fyddwn wedi cyrraedd Brynrefail a throi i'r chwith yno bydd yr hen fynydd yn ein hwynebu. Yn wir – a dyna yn briodol iawn a wnaethom ni y diwrnod hwnnw – gellir codi pabell neu sefydlu ryw fath o *base camp* fel y'i disgrifir ym Mrynrefail i ymhél â'r paratoadau terfynol gogyfer yr ymgyrch fawr o ymosod ar y copa!

Er mwyn creu argraff dda ar Mavis Lloyd Jones, er dangos iddi ddyfned fy nysg a'm gwybodaeth, roeddwn i y noson cynt wedi bod yn brysur yn ceisio'm harfogi fy hun â rhai manylion am yr ardal. Darllenais bennod ddiddorol hen ffrind imi, Mair y Wern, yn y gyfrol *Nabod Môn* (gol. Glyndwr Thomas a Dewi Jones, Gwasg Carreg Gwalch, 2003); ac er nad cyfrol Bobi Jones yw'r orau o ddigon yn y gyfres fuddiol honno o grwydro siroedd Cymru fe lwyddais i ddwyn ambell ffaith oddi arno yntau.

Y mynydd hynaf yng Nghymru onid yn Ewrop yn ôl yr Athro. Mae'n gwarchod yn nawddogol dros holl blwy Penrhosllugwy ac fe ellir gweld o'i gopa ar ddiwrnod clir bron y cyfan o Fôn ynghyd â rhannau sylweddol eraill o

Gymru, rhannau o Loegr hithau ac Ynys Manaw a draw tua'r gogledd i gyfeiriad yr Alban wedyn a thros y môr i'r Iwerddon.

Ar ei lethrau de-ddwyreiniol gwelir olion grŵp o gytiau o'r Oesoedd Tywyll. Ceir tystiolaeth yr un pryd bod y Rhufeiniaid hwythau wedi bod yn gyfarwydd â'r lle. Yna, ar ei ochr orllewinol fe orwedd llyn bychan a fu yno, meddan nhw, ers Oes yr Iâ, sef Llyn Archaeddon. Ac y mae y rhai sy'n gymwys i farnu yn tybio mai ystyr Bodafon yw Bod Addon / Aeddon, sef trigfan uchelwr y cyflwynwyd iddo yn yr unfed ganrif ar ddeg gan fardd anhysbys farwnad a ddiogelwyd yn *Llyfr Taliesin*.

Yn yr hen ddyddiau roedd y copa yn fan delfrydol i gadw llygad ar ymosodiadau posib gan elyn, dros fôr neu dros dir, yn fangre gwbl addas yr un pryd i gynnau coelcerth i rybuddio rhag peryglon. Yn wir ar un cyfnod cedwid tas o eithin yno yn barod i'w thanio mewn argyfyngau o bob math canys, fel y cyfeiriodd Humphrey Roberts o'r Benllech oddeutu 1800 at yr arferiad,

Yn Mona ar ben mynydd
Y taniwyd twr eithin yn arwydd,
Aiff gair ar led i Gaer Ludd
Os tania pawb eu tanwydd.

Nid rhyfedd felly ei fedyddio'n Fynydd yr Arwydd. A pha enw gwell nag *Yr Arwydd* hefyd i'w roi ar bapur bro y rhan annwyl honno o Ynys Môn? Ond os mangre i encilio iddo i lyfu clwyfau yw Bodafon heddiw, i fynnu llonydd, i ymdawelu o ddolur, mae'n gysur yr un pryd i sylweddoli bod gwylwyr ar y tŵr eto'n aros yn y fro i daflu llygad barcut ar basiant bywyd wrth ei draed ac i fod yn ddigon effro i fedru rhybuddio rhag trachwant unrhyw fath o ormeswr newydd.

Ond gan iddi hi, Mavis, a ninnau acw, fwy neu lai 'run adeg â'n gilydd brynu llun o'r union ardal ac mai hynny fu'r sbardun cychwynnol dros inni drefnu taith i Fôn, cystal fyddai i mi sôn rhywfaint am y lluniau hynny.

Dyna eiddo Harry Hughes Williams i ddechrau, y Monwysyn o'i gorun i'w sawdl, yr arlunydd swil a diymhongar ond hynod dalentog a chynhyrchiol o Fynydd Mwyn, Llandrygarn. Yn 1914 yr oedd ef wedi ennill ysgoloriaeth i Goleg Celf Brenhinol Llundain lle dyfarnwyd iddo wobr y Prix de Rome i deithio Ewrop i astudio celf ymhellach er na chaniataodd y rhyfel na chyflwr ei iechyd iddo fanteisio ar y cyfle hwnnw. Gorfu iddo ddychwelyd i Fôn ple y bu iddo droi llofft yr ŷd yn ei gartre yn stiwdio. Yn 1938 fe'i penodwyd yn athro celf Ysgol Ramadeg Llangefni ac yno y bu nes ei farw yn 1953 yn dilyn damwain pan syrthiodd oddi ar risiau'r union lofft honno.

Bu'n hynod gynhyrchiol yn ystod y cyfnod rhwng y ddau ryfel ac arddangoswyd ei waith yn yr Academi Frenhinol a Salon Paris yn ogystal â'r Roial Cambrian a'r Eisteddfod Genedlaethol. Yna, gan mlynedd union wedi ei eni fe gynhaliwyd arddangosfa helaeth o'i gynnyrch yn Oriel Môn, y tro cyntaf i'r cyhoedd gael cyfle i weld casgliad o'i waith ers pedwar degawd.

Tirwedd ei gynefin a'i amrywiaeth cyfoethog fu'r ysbrydoliaeth i Harry Hughes Williams gydol ei yrfa wrth iddo mewn olew a dyfrliw gyfleu'r amrywiaeth hwnnw, ei fryniau a'i wastadeddau, ei fythynnod, ei felinau gwynt, ei deisi gwair ac ŷd, ei fôr a'i awyr lydan, a'r cyfan oll i gyd yn newid mor gyson gyda threigl sicr y tymhorau. Fel artist fe garodd 'rosydd, bronnydd, bryniau rhywiog ei Fôn doreithiog a'i mân draethau' gan ddehongli'r cyfan yn ddisgybledig a synhwyrus. Roedd yn hynod fedrus am allu creu ysbryd ac awyrgylch lle a'r nodwedd honno o flaen dim a'n denodd ni at ei ddehongliad o ardal Bodafon a'i mynydd, yr awyr uwch ei ben yn neilltuol felly, ac i'n perswadio i brynu'r dyfrliw sy'n hongian bellach ar un o'r parwydydd acw.

Llun tra gwahanol oedd pryniant Mavis, gwaith cyfoes mewn olew, un gryn dipyn mwy o faint na'n heiddo ni.

Roedd enw'r arlunydd sef J A Jones – nid bod y cynnyrch ronyn salach oblegid hynny cofier – yn bur ddieithr. Bwthyn unig, y math sydd, neu o leiaf oedd, yn nodweddiadol o Fôn, heb yr un arwydd o fywyd o'i gwmpas a hwnnw'n swatio'n swil gan herio'r elfennau ar fin ffordd gul a chyda choed talgryf yn bwrw'u cysgodion drosto tra bod y mynydd yn y cefndir yn tra-arglwyddiaethu tros y cyfan wedyn. Ac wrth fynd wysg ein trwynau yn y cerbyd fe chwiliem yn ddyfal ym mhob troad o'r ffordd am y bwthyn hwnnw ac union leoliad yr olygfa. Dydw i'n amau dim na lwyddwyd i wneud hynny hefyd ac fe roddodd hynny bleser ychwanegol i berchennog newydd y gwaith. Roedd hi wedi ei llwyr fodloni canys roedd hynny wedi cyfiawnhau'r holl ymdrech i gyrchu yno. (Ac fe wyddom bellach mai Tan yr Arwydd, yn briodol iawn, oedd enw'r bwthyn.)

Erbyn hynny hefyd roeddem wedi hen gefnu ar y *base camp* ac wedi symud yn llawer nes at odreuon y mynydd. Gadael y merched i roi'r byd yn ei le mewn catyn o faes parcio a'i chychwyn hi'n rhyfygus fy hun, heb yr un – ac fe bwysleisir hynny drachefn – yr un o'r rhwyddinebau a fuasai wrth wasanaeth pob dringwr cyffredin arall. A doedd gen i ddim am fy mhen chwaith namyn cap gwau, y math a elwir yn y parthau hyn yn gap dal malwod, na fyddai o fawr werth imi wrth gyrraedd yr uchelderau!

Cofiaf y wedd bryderus ar wyneb fy ngwraig wrth i mi ffarwelio.

"Cymer ofal bendith y Tad i ti. A chofia droi'n ôl os dechreuith petha fynd yn drech na chdi. Fydd neb yn meddwl llai ohonot 'sti."

Ac fe fyddwn i'n llai na gonest pe dywedwn na chefais sawl achos yn ystod yr oriau nesaf ar fy ffordd i'r copa i gofio'i geiriau. Eithr pydru arni wnes i heb weld yr un enaid byw, na dyn, na deryn nac anifail ar fy ffordd. Dyfalwn fod rhyw greadur o wehelyth *yeti*'r Himalaya yn llechu yno yng nghilfachau y parthau uchaf rywle er na welwyd yr un arwydd o'i fodolaeth chwaith. Dringo a chrafangu. Am bob deg cam a roddwn ymlaen fe'm gorfodid yn amlach na pheidio i lithro eu hanner yn ôl. Ac â'm gwynt yn byrhau a'm hegni ar ballu mewn elfennau mor wrthnysig fe'm cafwyd fwy nag unwaith yn holi pam yn enw pob rheswm yr oeddwn wedi fy ngosod fy hun mor agored i'r fath beryglon? Pam mentro o gwbl i geisio concro pinaclau uchaf mynydd Bodafon? Yr unig ateb y gallwn ei gynnig oedd drwy geisio adleisio geiriau a fynegwyd gan yr Edmund Hillary hwnnw, neu o leiaf gan un o'i griw, a hwythau ar antur lawer llai peryglus yn 1953: AM EI FOD YNO debyg iawn!

Ond cyrraedd y copa y rhawg a wnaed. Oddi yno gallai dyn weld holl deyrnasoedd y byd bron a rhyfeddu at eu gogoniant. O'r ysgrepan a gariwn ar fy nghefn tynnais faner y Ddraig Goch y daethwn â hi i'm canlyn ac mewn agen eiraog o graig fe'i sodrais i gyhwfan yn fuddugoliaethus. Doedd gen i ddim ond gobeithio bod rhywun rywle 'mhell bell i lawr yn y gwaelodion isaf yn gweld rhyw arlliw ohoni er mai buan y dychwelodd y niwloedd tragwyddol sy'n meddiannu uchelderau o'r fath gan guddio popeth o'r golwg...

Afraid dweud bod y croeso a dderbyniodd y congrinero ar ei ddychweliad yn un tywysogaidd dros ben! A doedd dim ond dau gam a naid wedyn at lan Llyn Archaeddon lle bu cyfle ar derfyn antur mor beryglus i ddadluddedu.

Cawsai'r tri ohonom ddiwrnod oedd wrth ein bodd ac nid y lleiaf o'i bleserau oedd gallu gwneud cyfiawnder helaeth â'r danteithion a arlwywyd ger ein bron mewn picnic rhagorol. O'm rhan fy hun hefyd gellir ychwanegu'r bonws fod copa newydd arall a oedd yn cyrraedd hyd at uchder pensyfrdan o un cant saith deg ac wyth o fetrau uwchlaw lefel y môr wedi ei goncro! Sôn am yr Eiger wir! Sôn am y Matterhorn, yr Jungfrau a Mont Blanc. Doedden nhw ddim ynddi. Na Kanchenjunga nac Eferest chwaith petai hi yn mynd i hynny!

Bellach, o holl fynyddoedd yr ynys dim ond mynydd Twr

sy'n gwarchod dros Gaergybi a erys i'w goncro gennyf. Gwae yntau hefyd gyda hyn. Bydded hysbys bod ei ddyddiau wedi eu rhifo.

Eithr wrth inni yrru ar hyd gwastadeddau Môn yn ôl i gyfeiriad y Bont y diwetydd hwnnw gallem weld yr 'Wyddfa a'i chriw' yn y pellter yn codi'n herfeiddiol o'n blaenau. A fynnwn i ddim gwadu nad oeddynt yn hardd, nad oeddynt yn urddasol, er mai'r profiad a fynegwyd gan ryw hen fardd un tro oedd yn dal i fod yn brofiad i mi yn bersonol.

Pan liwia'r ha' gopäon Eryri
Ac aur orwel Arfon –
Hardded ŷnt dros wyrdd y don
Mwy difyr yw Modafon.

Ac y mae'r llun o waith Harry Hughes Williams yn gyfrwng achlysurol sicr, petai angen un, i gadarnhau'r argyhoeddiad hwnnw.

Ond merch o Arfon oedd Mavis Lloyd Jones. Gan hynny mae'n amheus iawn gen i, er cymaint ei hedmygedd o'r darn celf a bwrcaswyd ganddi yn Oriel Môn, y buasai hi gyda'r un angerdd yn cytuno gant y cant â mi chwaith. Wedi'r cyfan y cyw a fegir yn uffern yn uffern y myn fod.

Cnocell yn curo

DYDI GWELD AMBELL GNOCELL y coed ddim yn brofiad rhy ddiarth i ddyn yn y parthau hyn o Eifionydd. Mae sawl un yng Nghoed y Borth 'ma ac fe glywir ei stŵr bob gwanwyn fel y byddo'n ceisio sefydlu tiriogaeth a'i 'RAP TAP TAP TAP' cyson wrth i'w phig ddod i wrthdrawiad â boncyff ambell dderwen er mwyn creu twll digon o faint iddi allu nythu ynddo. Ac er mai creadur digon swil ar y cyfan ydyw fe'i gwelir o bryd i'w gilydd hyd yn oed yn mentro i'n gardd gefn, dim ond mai pur ansicr o'i groeso yw ar yr adegau hynny ac ni fydd yn dewis ymdroi yn ein cwmni'n hir, waeth pa mor barod ydym i roi cwartans iddo.

Ond does gen i fawr o go' i mi weld un erioed yn fy hen gynefin yng ngogledd Môn chwaith. At ei gilydd ryw 'lymder anial' digon di-goed oedd hwnnw – dim y math o goed a fyddai'n gynefin derbyniol gan unrhyw gnocell dyweder. Er y bu un o'i gwehelyth, un werdd a choch ryfeddol o hardd, yn taro'i phig yn eitha ffyrnig a phur aml am gyfnod hir ar ddôr fy hen gartref hefyd, a phan gâi'r ddôr honno ei hagor byddai can croeso wedyn i'r sawl oedd yn curo ddod i'r tŷ.

Eithr morthwyl drws neu gnocer – *door knocker* mewn Cymraeg diweddar – ar lun a delw hen foncyff gyda chnocell yn crafangu arno oedd hwnnw, wedi ei lunio mewn haearn bwrw a chydag olwyn fechan ar ei waelod. Dyna'r teclyn bach ciwtia welwyd, un y gellid ei sodro'n solat ar unrhyw fan gerfydd dim ond tair sgriw, a phan alwai cymdogion a chydnabod acw ar eu hald fe geid hwyl fawr yn mynd drwy'r ddefod o roi tro neu ddau ar yr olwyn, fel unwaith y digwyddai hynny y byddai'r hen gnocell yn codi'i chynffon yn syth ac â'i phig haearn yn dechrau 'RAP TAPIO' y boncyff ffug i roi ar ddeall bod rhywun yn mynnu gwahoddiad i ddod i mewn.

Ond pan ddaeth yn amser inni chwalu'r hen gartref, ei wagio, cau ei ddrws am y tro olaf a rhoi arwydd 'Ar Werth' ar derfyn yr ardd penderfynais ei ddadsgriwio oddi yno er mwyn ei gludo i'm canlyn dros y dŵr i Arfon. Hwyrach, ryw bryd, y'i gosodwn ar ddrws fy nghartref newydd ym Mhorth-y-gest. O leia dyna'r bwriad. Er na wneuthum hynny rwy'n ofni. Bu'n gorwedd yn segur yr holl flynyddoedd hyn ar waelod cist de yn y garej, minnau wedi llwyr anghofio am ei fodolaeth, hynny yw nes i mi oddeutu mis yn ôl, wrth ffowla am rywbeth arall, fel y bydd rhywun weithia, daro'm llygaid arno.

A dyna ei godi a'i gludo i'r tŷ. Hwyrach y gallai fod yn destun difyrrwch i'n hwyres fach pan ddôi hi a'r teulu i fyny ryw bryd, bernais, er bod angen ymgeleddu peth arno cyn hynny wrth reswm canys roedd rhwd wedi dechrau ymddangos mewn rhai o'i gilfachau. Eto i gyd mae'n syndod beth y gallodd dropyn neu ddau o olew *three-in-one* a thwtsh o baent yma ac acw ei wneud. Yn wir mewn dim o dro yr oedd ymron wedi ei adfer i'w hen a'i briod ogoniant, er i'm meddyliau grwydro ac i'r atgofion lifo wrth imi ymhél â'r gorchwyl o roi gweddnewidiad iddo hefyd – llifo'n ôl o leiaf hanner can mlynedd i ganol pum degau'r ganrif ddiwethaf.

Bryd hynny roedd yn arferiad gennym osod rhan o'r hen gartref i fusutors a ddôi yn eu tro i'r ardal yn ystod wythnosau'r haf. Un byr ar ei orau oedd tymor yr ymwelwyr ond er ei fyrred roedd yn gyfle y gallai fy rhieni fanteisio arno i grafu ryw fymryn ychwanegol o fêl digon prin i'r cwch. Dim ond un ystafell wely a chegin oedd ar gael i'w rhentu ac, at ei gilydd, cyplau di-blant canol oed a sobr nad oeddynt ar unrhyw gyfri yn chwilio am y goleuadau llachar a fyddent. Prin, wedi'r cyfan, bod pentre bach mor ddiarffordd â'n heiddo ni, un a orweddai mewn pant yng nghanol twmpathau eithin dair milltir o'r môr mewn cornel mor anghysbell o'r ynys, yn cael ei ystyried yn ganolfan dwristaidd od o ffasiynol. Y syndod yw fod rhai wedi dod o hyd iddo o gwbl. Dyna John a Doris Cooke, fel enghraifft, o Reading bell. Ac yn wir yr oedd Reading ym mhellafoedd byd bryd hynny. Sut y daethant hwy ar ein traws yn y lle cyntaf sy'n dipyn o ddirgelwch. Prin fod Tangraig Cottage erioed wedi ei hysbysebu fel 'the ideal holiday self-catering unit in a much sought after resort' yn unrhyw rai o'r cylchgronau glosi cofier. Nid mewn unrhyw gyhoeddiad arall o unrhyw fath chwaith 'tai hi'n mynd i hynny. Ond rhywsut rywfodd dod o hyd inni a wnaethant a bu iddynt hawlio'r pythefnos olaf o Awst efo ni am y degawd a rhagor nesaf. Cwpwl gwerinol, annisgwyl o wledig o ran eu hymarweddiad, yn arbennig o gofio bod eu cefndir yn un trefol. Doris yn lwmpan gron, glên, fodlon tra bod John yn llarp main, penfoel parod iawn ei sgwrs.ag unrhyw un y digwyddai daro arno.

Byddent yn cyrraedd yn drwmlwythog mewn hen Forris 8 yr oedd ganddynt feddwl y byd ohono ar waetha'r ffaith fod golwg flinedig iawn arno a'i fod wedi gweld dyddiau llawer gwell. Ond fe roddodd yr hen siandri honno wasanaeth maith ac ufudd iddynt yr holl flynyddoedd y buont yn cyrchu atom. Cyfrinach ei hirhoedledd, mae'n bosib, oedd mai dyna'r unig daith y disgwylid iddo ymgymryd â hi mewn blwyddyn gron, oblegid unwaith y byddai'r gwyliau drosodd a hwythau'n ôl gartre câi'r modur bach ei olchi'n lân, ei barcio mewn catan o ardd gefn a'i lapio'n garuaidd mewn tarpawlin drosto lle gadewid iddo fwynhau perffaith hedd. Yna ddechrau Awst y flwyddyn ddilynol câi ei ddeffro o'i drwmgwsg drachefn ac fe geid ymdrech o'r newydd i aildanio ei fatris gogyfer â'r bererindod hir nesaf i Fôn.

Dirgelwch arall oedd beth ar wyneb daear fawr a ddenai'r ddau yn ôl fel gwenoliaid i'r un man o flwyddyn i flwyddyn i ardal mor ymddangosiadol brin ei chyfleusterau ar gyfer treulio gwyliau ynddi. Prin ryfeddol oedd yr atyniadau yn ein pentre ni, dim namyn clwstwr o dai digon cyffredin yr olwg ynghyd â dwy siop, ysgol oedd ar gau dros wyliau'r haf prun

161

bynnag, a chapel oedd yn adeilad mor foel a diaddurn fel na fyddai Pabyddion selog fel hwy eu dau yn ystyried tywyllu ei ddrws un amser, hyd yn oed pe deallent iaith yr addoliad. Doedd yno ddim golau stryd wedi iddi nosi ac yr oedd y dafarn agosaf, sef y Ring yn Rhos-goch, ddwy filltir a rhagor i ffwrdd. Onid tybed mai'r ponciau eithin oedd wedi mynd â'u bryd!

Eto i gyd roeddynt yn gwbl fodlon ar dreulio pythefnos hamddenol yn gwneud y nesa peth i ddim. Hwyrach y picient ar ambell brynhawn i olchi'u traed yn nŵr cynnes bae Cemaes neu i Gemlyn neu Borth Swtan ar ambell bicnic. Rhaid oedd mynd i Langefni i'r farchnad ar Ddifia wedyn ac i Gaergybi yn selog ar fore Sadwrn. Weddill yr adeg fe'u gwelid yn piltran o gwmpas y lle, yn casglu mwyar duon hyd Lôn Alma ac yn crwydro'r caeau yn chwilio am gaws llyffant. A phob min nos eisteddai'r ddau yn y tŷ, hi i wau neu i grosio ac i bendympian, yntau i ddarllen ei bapur, i ymlafnio â chroesair neu i wrando ar raglen radio. Ambell waith hefyd deuent i'n rhan ni o'r tŷ i drafod helyntion y dydd, i chwedleua ac i osod y byd yn ei le.

Yn ystod un o'r ymweliadau hynny y daethant â'r gnocell haearn i'w canlyn er ei chyflwyno'n rhyw fath o anrheg inni. A hithau ar fin tywyllu un noson roedd John yn ddiarwybod i bawb ohonom wedi ei sgriwio ar y drws ffrynt. Mater bychan wedyn oedd rhoi tro neu ddau ar yr olwyn i beri iddi ddechrau ar ei 'RAP TAP TAP' arferol.

"Tewch!" synhwyrodd Mam yn y gegin, "oes 'na rywun yn y drws 'na deudwch?"

"Chlywis i neb," meddwn i.

"Na finna chwaith," porthodd 'Nhad, "chdi sy'n dychmygu petha ma'n rhaid."

Ond dyna'r 'RAP TAP TAP' i'w glywed eilwaith.

"Ddeudis i do?" dwrdiodd hithau'n eitha siarp wedyn, "ydach chi'ch dau'n fyddar ne' rwbath?"

A chan brysuro i fynd i'w ateb, dim ond i ganfod y ddau,

John a Doris, yn sefyll yno ar y trothwy fel dau blentyn drwg oedd wedi eu dal yn cyflawni ryw ddireidi neu'i gilydd. Wedyn dyna ddangos y teclyn a'i roi ar waith er difyrrwch i bawb. A bu llawenydd mawr dros ben.

A dyna lle bu'r gnocell am y deuddeng i bymtheng mlynedd nesa yn gorffwys ar yr union fan y gosodwyd hi y noson honno. Bu'n destun chwilfrydedd i bawb a alwai heibio canys doedd neb yn yr holl ardal wedi gweld undim tebyg iddi yn unlle o'r blaen. Câi'r olwyn ei throi'n ddiarbed a chyson fel nad oedd angen i neb guro'r drws bellach. Gwnâi'r deryn ei waith yn bur drylwyr.

Gyda threigliad y blynyddoedd daethai John a Doris i nabod pobl y pentre'n ddigon da i'w galluogi i droi i mewn am sgwrs ar ambell aelwyd weithiau. Cawsant eu derbyn gan y gymuned, yn wir eu mabwysiadu fel aelodau er anrhydedd ohoni, a doedd yr un arwydd o ddieithrwch neu ddrwgdybiaeth o'r naill ochr na'r llall byth yn ei amlygu ei hun wrth iddynt ymwneud â'i gilydd. Ac ni fyddai dagrau ymhell un amser pan ddôi eu hymweliad blynyddol i'w derfyn ac y daethai'n bryd iddynt ffarwelio ar gychwyn eu marathon taith yn ôl yn eu modur bach musgrell i'w cynefin yn Lloegr.

Am weddill y flwyddyn byddai llythyru selog cyd-rhwng ein tŷ ni ac 19, Tilehurst Road, Reading, Berks. Dyna'r unig fodd wedi'r cwbl y gellid cadw mewn cysylltiad. Doedden nhw ddim yn berchen ffôn ac yr oedd ein ciosg cyhoeddus ninnau fwy na thaith diwrnod Sabath da i ffwrdd. A phan ddôi'r Dolig cyrhaeddai parsel trwm yn cynnwys anrhegion hael i bob aelod o'r teulu oddi yno. Gymaint yr edrychid ymlaen at agor parsel mawr Reading!

Ond ymhen y rhawg daethai'n amser i John ymddeol o'i waith beunyddiol eithr yn hytrach na bod dan draed Doris yn y tŷ wastad ac er atgyfnerthu peth ar y pensiwn gwladol llwyddodd i gael bachiad i wasanaethu'n rhan-amser fel goruchwyliwr nos mewn adeilad oedd yn rhan o gampws rhyw gwmni neu'i gilydd nid nepell o'i gartre. Fyddai hwnnw ddim yn llafurwaith rhy galed. Dim ond tair noson yr wythnos a olygai. A doedd dim disgwyl iddo, mae'n debyg, wneud llawer mwy na cherdded o gwmpas bob rhyw awr i sicrhau bod popeth mewn trefn ac nad oedd yr un tresmaswr o gwmpas y lle. Am weddill yr amser câi aros dan do yn darllen, yn yfed coffi a rhoi ei draed i fyny, yn gwneud a fynnai o fewn rheswm. Dim ond ei fod yn cadw'n effro ac yn cadw'i glustiau ar agor yr un pryd. Jyst rhag ofn. Gorchwyl eitha hawdd a phur ddidramgwydd, roedd lle i obeithio, un y bu'n ei gyflawni'n eitha cydwybodol am rai misoedd.

Eithr y Dolig canlynol chlywyd yr un gair gennym o Reading. Chyrhaeddodd y parsel arferol ddim, na'r un llythyr chwaith, dim hyd yn oed gerdyn. Distawrwydd fel y bedd. Ac er i ninnau anfon cyfres o lythyrau'n holi'n bryderus ynghylch y ddau ni chaed yr un ymateb. Aeth y Pasg heibio wedyn, ninnau heb glywed yr un gair oddi wrthynt. Nid tan ddechrau Mai pan ddaeth acw nodyn torcalonnus yn llawysgrifen doredig Doris: 'Just to let you know that I have lost my dear John.'

Yn ôl gaed ar ddeall nid oedd wedi dychwelyd gartre o'i wyliadwriaeth nos rywbryd ym mis Tachwedd. Cawsai'r heddlu eu rhybuddio'n ddiymdroi a bu chwilio hir a dyfal amdano hyd nes iddynt ymhen nifer o ddyddiau ddod o hyd i'w gorff yn afon Tafwys. Ai achos o hunanladdiad ydoedd, ai rhywbeth a ddigwyddodd o dan amgylchiadau amheus a threisgar? Ni allai'r cwest benderfynu. Gadawyd y dyfarniad yn un agored. Er mai'r gred gyffredin, na ellid er hynny ei phrofi, oedd fod rhywun neu rywrai wedi ceisio torri i mewn i'r adeilad yr oedd ef yn ei warchod, ei fod yntau wedi ceisio mynd i'r afael â hwy i'w rhwystro, cyn iddynt o bosib gael y llaw ucha arno a'i fwrw wedyn, druan, i'r afon.

Beth bynnag ddigwyddodd fe adawodd weddw gwbl anghysuradwy ar ei ôl. A welson ni mohoni hithau chwaith byth ar ôl hynny. Dôi ambell nodyn mewn llaw grynedig acw'n bur achlysurol ond mewn llai na dwy flynedd fe'i trosglwyddwyd i gartre preswyl rywle, lle o fewn dim o dro wedyn, o dor calon, y bu hithau farw. Aelod o staff y cartref hwnnw mewn datganiad oeraidd roddodd wybod inni am ei hymadawiad hithau.

A does gen innau bellach ond coflaid o atgofion a model o gnocell y coed mewn haearn bwrw i'm hatgoffa o'r hen gwpwl annwyl, John a Doris Cooke o Reading, y cawsom gymaint o bleser o'u cwmni ac o rannu eu cyfeillgarwch yn ystod sawl pythefnos ar ddiwedd Awst yn ystod blynyddoedd canol y ganrif ddiwethaf.

Ond a minnau bellach wedi ei ailddarganfod megis, siawns o'r diwedd na wela i fy ffordd yn glir i sgriwio'r hen dderyn ar ystlys fy nrws yn y fan hyn. Mae'n eitha posib, erbyn y gwanwyn nesa felly, y clywir ei 'RAP TAP TAP' unwaith eto.

Ambell ffaith
am yr awdur

NID DYMA'R TRO CYNTAF i ddyn gyfeirio at ddiddordeb obsesiynol y Cymro mewn afiechydon a marwolaethau. Onid un o bleserau pennaf y bywyd hwn i rai ohonom, ar ôl rhuthro i lyncu brecwast a chan beryglu risgio homar o gamdreuliad yn y fargen, yw medru brasgamu i'r siop bapurau leol i bwrcasu *Dail y Post* er mwyn treulio'r awr dda nesa yn mwynhau'r hyfrydwch hunangosbol o bori'n forbid yng ngholofn fwyaf poblogaidd y rhacsyn hwnnw, sef honno sy'n rhestru'r rhai diweddaraf o'n plith i ymadael â'r fuchedd hon. Mor eithriadol ddifyr a hwyliog i'r cyfryw rai beth yn ddiweddarach yn ystod y dydd fydd y trafod, o daro ar gydnabod o gyffelyb anian. Rhywbeth fel a ganlyn.

"Glywsoch chi am Ifan Parri, Cae'r Dderwen?"

"Be felly?"

"Wedi marw echnos, yr hen greadur."

"Tewch da chi."

"Welsoch chi mo'i hanas o yn y papur?"

"Heb gael cyfla eto fachgian. Wedi bod yn brysur drwy'r dydd tan rŵan. Ond sydyn mae'n rhaid?"

"Ia, yn y diwadd hwyrach. Mi gafodd dyrn go enbyd flwyddyn yn ôl os cofiwch chi."

"Ond ple?"

"Ple be?"

"Ple buodd o farw?"

"Tua Bangor 'na."

"Rhai salach sy'n dod yn lle'r hen deip wastad yntê?"

"Rydach chi'n llygad 'ch lle."

Yna fe draethir y cwestiwn holl bwysig arferol.

"Faint oedd 'i oed o tybad?"

"Mi fasa'n eti-sics Jiwlei nesa."

"Oedd o wir? Ac roedd o wedi medru crafu cymaint â hynny felly?"

"Roedd o'n syndod i minna hefyd."

"Un mor heini doedd?"

"Cnebrwn dydd Gwener – preifat yn Ebeneser ond cyhoeddus yn y crem i ddilyn."

"Ac am 'i grimetio fo maen nhw felly?"

"Ia ddyliwn."

"Fydda i fy hun ddim yn hidio ryw lawar am grimeshions chwaith."

"Tewch da chi?"

"Fawr o daro achan."

"Pam deudwch?"

"Ma claddu mewn mynwant yn... yn... wel...yn neisiach rhywsut."

"Wn i ddim pa mor neis ydi hynny chwaith... ond da b'och chi... maen nhw'n gaddo glaw cyn nos."

A dyna wahanu ar ôl llwyr olrhain achau a phedigri, rhinweddau a ffaeleddau yr ymadawedig druan.

Gan hynny, rhag digwydd i minnau ryw ryfedd ddydd fod yn destun sgwrs a fydd ar drywydd rhywbeth yn gyffelyb, dyma fentro ar ddu a gwyn fel hyn, ac er achub y blaen ar y chwilfrydig rai, i restru dyrnaid o ffeithiau amdanaf fy hun. O leia fydd raid i neb bryd hynny drafferthu i ddyfalu beth oedd dyddiad fy ngeni na faint oedd fy oed i a phethau holl bwysig o'u bath. Nid 'mod i'n fodlon datgelu'r cyfan chwaith, dim namyn gollwng cliw neu ddau wrth fynd heibio fel petai.

Beth am rai manylion ynghylch fy llinach a rhai aelodau fy nheulu i ddechrau? Fe fu rhywun dro'n ôl yn ddigon caredig i anfon cerdyn post acw, un o gyfresi cwmni Heritage a roddai lawer o wybodaeth am deulu'r Oweniaid. Dichon fod rhai tebyg ar gael ar gyfer y Jonesiaid a'r Williamsiaid, yr Huwsiaid a'r Edwardsiaid yr un modd.

Roedd rhyw sglaig wedi clandro i ddechrau mai mor bell yn ôl â'r flwyddyn 926 y cofnodwyd yr enw gyntaf oll er mai 'Unwen' meddir oedd y ffurf gynhara. Erbyn 1066 roedd wedi datblygu'n 'Ouen' eithr nid cyn 1221 i fod yn gysáct y gwelwyd y ffurf derfynol 'Owen' yn cael ei harddel. A dyna fi'n gwybod wedyn!

Ond mwy diddorol fyth, ac yr oedd gwybod hynny'n peri i mi sythu, fu deall 'mod i'n hanu ar un ochr o'r teulu o linach Cadifor ap Dinawal, Arglwydd Castell Hywel, y wariar na wyddai ystyr ofn; ac o'r ochr arall wedyn, coelier neu beidio, o linach Rhodri Mawr, neb llai. Tipyn o bedigri felly. I feddwl bod rhai yn chwysu am flynyddoedd i geisio olrhain eu hachau, minnau'n cael y cyfan o'r wybodaeth a ddymunwn yn daclus ar un cerdyn post.

Er nad oedd pethau hwyrach cweit mor addawol o droi'r cerdyn drosodd i wybod pwy oedd rhai eraill o blith aelodau'r teulu. Wilfred Owen, y bardd fel enghraifft neu Robert Owen, y diwygiwr cymdeithasol a'r sosialydd iwtopaidd o'r Drenewydd. Roeddwn i wrth reswm, ac â breichiau agored, yn barod iawn i'w derbyn hwy. Ond dirywio braidd roedd pethau erbyn diwedd y rhestr o weld cynnwys enw Michael Owen, y ciciwr pêl hwnnw sydd bellach wedi hen weld dyddiau gwell neu'r diweddar Bill Owen, yr actor a fu'n portreadu cymeriad Compo yn *Last of the Summer Wine*. Dim sôn er hynny am y ddau Ddafydd Owen, Brutus a thelynor y Garreg Wen. Dim sôn chwaith am brydydd enwocaf Ynys Môn, yr hen Oronwy druan, na'n prif nofelydd Daniel Owen chwaith. Mwy gwarthus fyth dim cyfeiriad o fath yn y byd at Gerallt Lloyd Owen! Eto i gyd, drwodd a thro, er y gellid mae'n ddiamau ddod o hyd i ambell i ddafad ddu yn eu plith rywle, mae'n deulu digon parchus, un y gall dyn ymfalchïo mewn bod yn aelod ohono.

Fe fydd rywun bownd o fod angen gwybod fy oed i hefyd. Hen herian pryfoclyd fyddai datgan 'mod i heddiw union 'run oed â bawd fy nhroed ond ychydig hŷn na'm dannedd canys rwy'n eitha parod i ryddhau llawer mwy o wybodaeth na hynny.

Ar ddydd Gwener y'm ganwyd er na alla i'r munud hwn gofio pa amser o'r dydd neu o'r nos oedd hi chwaith. Choelia i byth nad yw cof dyn yn dechrau pallu erbyn hyn fel bod rhai manylion ynghylch y digwyddiad holl bwysig wedi tueddu i fynd fymryn yn niwlog rywsut. Sut bynnag, daw cryn gysur o fedru cofio beth oedd gan un gŵr doeth i'w ddweud am 'blentyn dydd Gwener' – *Friday's child is loving and giving* ac ati. A dyna mewn chwe gair grynhoi fy holl nodweddion, 'mod i'n gariadus, yn annwyl ac yn haelfrydig o galon. Ac ni chefais i yr un achos, yr holl flynyddoedd hyn, i anghytuno â'r union ddadansoddiad treiddgar hwnnw. Ni thrawyd yr un hoelen mor bendant yn ei phen erioed.

Fel y mae'n digwydd hefyd rwy'n rhannu'r union ddyddiad pen blwydd – er nad blwyddyn fy ngeni – â nifer o enwogion. Roedd y diweddar Dywysog Rainier o Fonaco yn un ohonynt. A diau erbyn hyn fod Clint Eastwood a Terry Waite yn dirfawr ymfalchïo yn y ffaith eu bod hwythau yn rhannu'r un uchel fraint.

Er na ddaw'r melys heb y chwerw o bosib canys ar yr union ddiwrnod ar yr union fis – er nad eto chwaith yr union flwyddyn – yr ymadawodd y paffiwr, cyn-bencampwr pwysau trwm y byd, Jack Dempsey, â'r fuchedd hon.

Ond roedd yr hen fyd yma'n gorfod mynd yn ei flaen bryd hynny fel erioed. Yn Llundain ar yr union fis a'r union flwyddyn roedd y Brenin Siôr a'r Frenhines Mary mewn rhwysg a seremoni yn dathlu eu jiwbilî arian. Yn ôl y sôn ni welwyd y fath ddathlu ar ei strydoedd ers y dydd y cyhoeddwyd y Cadoediad yn 1918. Cyflwynwyd mwg aliwminiwm wedi tolcio yn swfenîr i minnau i gofio'r achlysur. Rhwng popeth felly, cofnodi dathliadau'r jiwbilî, marwolaeth T E Lawrence yn dilyn damwain ar ei foto-beic a'm hymddangosiad innau ar lwyfan byd am y tro cyntaf, roedd gan helgwn y wasg ddigon o waith ar eu dwylo.

Ramsay MacDonald oedd tenant rhif 10, Stryd Downing, Franklin Delano Roosevelt y Tŷ Gwyn yn Washington, tra bod Joseff Stalin â'i ddwrn haearn yn gwarchod y Kremlin ac Éamon de Valera, o'r diwedd, fel petai'n llwyddo i gadw trefn ar y Gwyddelod. Yn Rhufain roedd Pius XI yn condemnio'r Natsïaid am sterileiddio'n agos i drigain mil o'r rhai yr ystyrid eu bod yn ddinasyddion 'eilradd' tra bod Hitler ym Merlin yn rhefru a bytheirio am rywbeth byth a hefyd. Draenen bigog yn ystlys y Führer ymhen y flwyddyn fyddai'r rhedwr chwimwth Jesse Owens (aelod arall o'r teulu, hwyrach) a ddangosai wrth gipio'r llawryfon yn y Chwaraeon Olympaidd nad y rhai o dras Araidd bob tro oedd yn rhagori. Yn wir fel petai i ddathlu fy nyfodiad i roedd Jesse Owens yn ystod y mis hwnnw wedi torri cymaint â phum record byd am sbrintio.

Pedair punt a choron ar gyfartaledd oedd cyflog wythnosol gweithiwr y flwyddyn honno. Medrid prynu tŷ am oddeutu deuddeg cant o bunnoedd a cherbyd modur ail 'i le am rywbeth dan drichant. Naw ceiniog oedd paced sigarét, ceiniog ychwanegol at hynny am beint o gwrw. Fel un glân fy muchedd doedd y cyfryw bethau ddim yn demtasiwn i mi ar y pryd.

Ped aech i'r sinema byddai Victor McLaglen yn serennu yn *The Informer* a'r golygus Clark Gable yn *Mutiny on the Bounty*. Yr un pryd roedd nifer o bethau diddorol ar y gweill gartre yng Nghymru. Dyna'r flwyddyn y sefydlwyd Côr Orffiws Treforys, yr ymunodd Arwel Hughes ag adran gerdd y BBC yng Nghaerdydd ac y bu i fragdy Felinfoel fod y cyntaf o'i fath yn Ewrop i werthu ei gwrw mewn caniau. Yng Nghaernarfon y cynhaliwyd yr Eisteddfod Genedlaethol gyda'r Archdderwydd Gwili yn coroni Gwilym R ac yn cadeirio Gwyndaf. A dyna pryd y cynhyrchwyd *Y Chwarelwr*, y ffilm gyntaf erioed yn y Gymraeg, y llwyfannwyd *Cwm Glo* Kitchener Davies, *Night*

Must Fall Emlyn Williams a *Glamorous Night* Ivor Novello, y cyhoeddwyd *Cerddi Robin Goch* J Glyn Davies ac y bu i Abertawe roi crasfa i'r Crysau Duon ar y maes rygbi. Erbyn hynny hefyd roedd Morris T Williams a Kate Roberts wedi ymsefydlu yn Ninbych a phrynu Gwasg Gee a'r Llywodraeth wedi penderfynu sefydlu Ysgol Fomio yn rhywle o'r enw Penyberth.

Ond os yn fy nghlytiau yr oeddwn i gydol y misoedd hynny dyna hefyd hanes dau o leia a fyddai rhyw ddydd yn cael eu dyrchafu i blith arglwyddi'r deyrnas, yr Arglwydd Roger o Landudno a'r Arglwydd Richard (Livesey) o Dalgarth, heb sôn am Tenzin Gyatso, y Sancteiddiolaf bedwerydd ar ddeg Ddalai Lama o Dibet, er 'mod i wedi cyrraedd un diwrnod ar bymtheg ar hugain o'i flaen ef cofier.

Mae'n wir nad wyf fathemategydd, na mab na brawd i'r un o'r brid hwnnw, ond rwyf wedi amcangyfrif – yn lled gywir fe obeithiwn – erbyn dydd fy mhen blwydd eleni (2010) bod yr haul wedi codi a machludo gymaint â saith mil ar hugain, tri chant a phedair ar ddeg a phedwar ugain o weithiau er pan welais oleuni dydd am y tro cyntaf. Wn i ddim faint o'r rheini a gedwais cofier. Am i mi fod erioed yn dderyn hwyrol, mwy o'i fachludoedd gallwn dybio, canys yn nyddiau fy ieuenctid roeddwn yn bur sgut am fy ngwâl fel bod yr haul, yn amlach na pheidio, wedi dringo i'w anterth cyn i mi feddwl am roi tro i ymysgwyd o'm cysgadrwydd. Ac os cyfieithir y cyfanswm dyddiau i gyfanswm yr oriau mae'r ffigwr sy'n nesu at y saith can mil yn sobri dyn gorff ac enaid.

A dyma un cliw terfynol. Dan gysgod Gemini yr ydw i a'm siort yn cael fy ngwarchod er y gellir dadlau mai criw digon brith ar adegau ydym ninnau'r Geminiaid fel y rhelyw o'r hil ddynol – rhai sy'n 'gymysg oll i gyd' felly. Fe haerwyd o'n plaid ein bod yn bobl resymol, amyneddgar, ffraeth a pharod i addasu i unrhyw sefyllfa y cawn ein gosod ynddi. Ond y mae'n drueni, os gwir y gair, y perthyn i ni hefyd nodweddion mwy negyddol, ein bod yn rhai anniddig iawn wrth natur, yn tueddu i fod yn ddigon anfodlon ein byd, weithiau'n arwynebol, gwaeth fyth yn rhy hoff o lawer o glebran, o jianglio ac o hel clecs!

Do'n wir fe fu'n achos rhyfeddod i mi gymaint o ddiddordeb sydd ymhlith lliaws i ganfod oedran pobol ac nid cyfeirio'n benodol at yr wybodaeth yr ysir am gyfranogi ohoni mewn cofnodion marwolaethau yn y papur dyddiol yr ydw i yn awr chwaith. Mae adroddiadau'r wasg yn gyffredinol yn mynnu rhoi ystyriaeth gyson i'r mater, fel petai'n un o dragwyddol ac o dyngedfennol bwys, ac yn ei gynnwys ymhlith y rhai pennaf o'i flaenoriaethau. Pethau fel hyn:

A 53-year-old man from Ashby de la Zouch is missing after...

neu

Arestiwyd gwraig hanner cant oed o Bontarddulais, mam i bedwar o blant, ar gyhuddiad o...

neu

Amaethwr deunaw ar hugain oedd bardd cadeiriol eisteddfod...

neu

Cyhuddwyd cyfreithiwr tair a thrigain yn Llys Ynadon yr Wyddgrug yn dilyn ffracas y tu allan i dafarn...

neu

Y mae tad a mab, y naill yn ei ddeugeiniau cynnar a'r llall ond yn ddwy ar hugain, yn cynorthwyo'r heddlu...

Mae'r cyfan mor undonog a diflas.

Nid 'mod i'n bwriadu datgelu rhagor amdana i fy hun bellach chwaith. Dichon 'mod i eisoes wedi datgan hen ddigon prun bynnag i fod o fudd i unrhyw ohebydd fel man cychwyn i'w ymholiadau os bydd ganddo achos rhyw ddydd i dyrchio'n ddyfnach i'm cefndir ar gyfrif unrhyw ysgelerdra honedig o'm heiddo; o fod wedi 'nwyn o flaen fy ngwell am ryw swindyl dyweder, o dyfu canabis yn y selar gartre hwyrach, o gael randibŵ efo gwraig briod ifanc chwarter fy oed, neu o fod wedi ennill dwy filiwn a hanner o bunnoedd o arian y Loteri... neu... neu'n wir pan gyhoeddir y newydd am fy narostyngiad terfynol. A does dim dwywaith pan ddigwydd hynny mai'r cwestiwn cyntaf a ofynnir fydd: "Faint tybad oedd 'i oed o?"

Ac o gael ateb bydd rhywun arall bownd ulw o ychwanegu'r sylw:

"Ac roedd o wedi medru crafu cymint â hynny oedd o, yr hen greadur? Bôi digon od ar brydia hefyd. Pryd ma'r cnebrwn tybad?"

Yna, gan droi at bethau o fwy tragwyddol eu pwys...

"Be wyt ti'n feddwl o'r sentyr fforward newydd 'na sgin Lerpwl...?"

Wedi'r cwbl, onid fel rhyw 'grych dros dro' yr ystyrir pob un ohonom yn y pen draw?

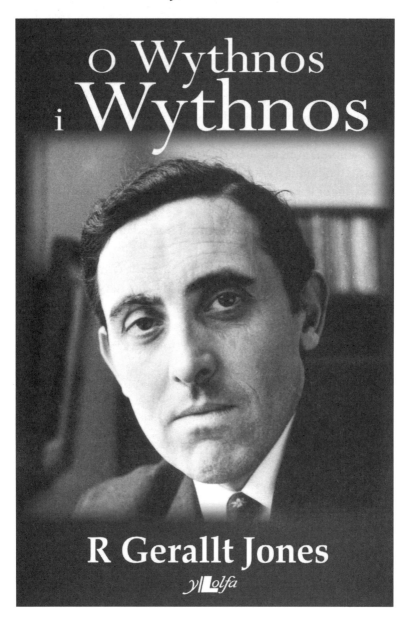

o Wythnos
i Wythnos

R Gerallt Jones

yLlLolfa

£9.95

Y Byd
a'r Betws

Colofnau Angharad Tomos

yLolfa

Rocet Arwel Jones a Dafydd Morgan Lewis (gol.)

£6.95

Am restr gyflawn o lyfrau'r Lolfa, mynnwch
gopi o'n catalog newydd, rhad
neu hwyliwch i mewn i'n gwefan

www.ylolfa.com

lle gallwch archebu llyfrau ar lein.

TALYBONT CEREDIGION CYMRU SY24 5HE
ebost ylolfa@ylolfa.com
gwefan www.ylolfa.com
ffôn 01970 832 304
ffacs 832 782